W0338565

Franz Rittweger

Das alte Frankfurt

Fotos von Carl Friedrich Fay

Michael Imhof Verlag

Franz Rittweger: Das alte Frankfurt

© 2006
Michael Imhof Verlag GmbH & Co. KG, Petersberg
Stettiner Str. 25, D-36100 Petersberg
Tel. 0 661/96 28 28 6; Fax 06 61/6 36 86
www.imhof-verlag.de

Gestaltung und Reproduktion: Michael Imhof Verlag
Druck: Grafisches Centrum Cuno, Calbe

Printed in EU

ISBN 10: 3-86568-118-2
ISBN 13: 978-3-86568-118-8

INHALT

Vorwort

von Michael Imhof

Um 1900 hatte sich das Ortsbild vor allem der Großstädte Mitteleuropas aufgrund des Wirtschafts- und Bevölkerungswachstums erheblich verändert. Die Modernisierung betraf vor allem die historischen Stadtkerne. Zu beobachten war der Abbruch einer großen Zahl historischer Bürgerhäuser, die durch maßstabsprengende Monumentalbauten in den Stilen der Neorenaissance und des Neobarock ersetzt wurden. Flächenabrisse, wie z. B. des Alten Judengettos in Frankfurt, das bis 1885 mit Ausnahme des barocken Stammhauses der Bankierfamilie Rothschild (1944 zerstört) abgebrochen wurde, veränderten oft in nur kurzer Zeit den Charakter ganzer Stadtquartiere. Die entstandenen Neubauten – wie etwa entlang der Zeil – wurden ab den 1890er-Jahren zunehmend als das Stadtbild störend empfunden.
Als Gegenbewegung bemühten sich viele Architekten um 1900, Neubauten in der lokalen Bauweise zur Erhaltung des individuellen historischen Ortsbildes zu errichten. Gestaltungsvorschriften für Neubauten sollten diese Bauweise unterstützen. Die erste Gestaltungssatzung in Deutschland wurde 1899 in Hildesheim verabschiedet. Demnach sollte nur noch die „altdeutsche" und zugleich ortsübliche Bauweise zugelassen werden. Zudem fand ein Wettbewerb zur Erstellung einer Sammlung altstadtgerechter Musterfassaden statt, um kleineren Bauunternehmen im Anschluss an die erlassene Vorschrift eine Reihe von mustergültigen Fassadenentwürfen an die Hand zu gegeben. Nach dem Hildesheimer Vorbild wurden 1901 und wenig später unter anderem in Bremen und Köln weitere große Fassadenwettbewerbe durchgeführt. In Frankfurt lobte man 1903 einen Fassadenwettbewerb „zur Erlangung von Vorentwürfen für Neubauten auf städtischem Gelände in der Altstadt" aus, „ein auf in Frankfurt ansässige Architekten beschränktes Preisausschreiben". Dabei bestand die Absicht, Entwürfe von Geschäfts- und Wohnhäusern, die sich der Altstadt anpassen sollten, für ein Gelände unweit des Doms und für den Römerberg zu prämieren. Die Käufer der Grundstücke sollten auf die im Wettbewerb ausgezeichneten Entwürfe zurückgreifen. Die Stadt behielt sich die Genehmigung der endgültigen Fassadenentwürfe vor, die sich tatsächlich an der traditionellen Frankfurter Bauweise orientierten, wobei Fachwerk – insbesondere das Salzhaus (um 1595) – und Fassaden der deutschen Renaissance rezipiert wurden.
Die institutionelle Denkmalpflege und die Heimatpfleger unterstützten zunächst das Verfahren der Stadtbildpflege. Wenn der Abbruch historischer Bausubstanz nicht zu verhindern war, dann sollten sich wenigstens die Neubauten an der traditionellen Bauweise orientieren. Doch schon um 1905 erkannte man, dass mit Sammlungen von Musterbuchvorlagen für Neubauten die Zerstörung des Ortsbildes nicht aufgehalten werden konnte.
Vergleichbar der Situation um 1975, als die historische Stadt mit ihrer historischen Bausubstanz aufgrund der Ablehnung der zeitgenössischen, monotonen Bauweise neu entdeckt wurde, begann um 1900 auch die Verankerung der Denkmalschutzgesetze. Zunächst gelang dies auf kommunaler Ebene. Um über rechtliche Möglichkeiten zu verfügen, historische Gebäude zu erhalten, wurden zunächst in Nürnberg, Rothenburg ob der Tauber, Augsburg, Amberg und Lindau ortspolizeiliche Vorschriften zum Schutz der Baudenkmäler erlassen. Wenig später erfolgten derartige Gesetze fast flächendeckend im gesamten Deutschen Reich. Das erste Denkmalschutzgesetz wurde in Deutschland 1902 für das Großherzogtum Hessen-Darmstadt verabschiedet. Die Auseinandersetzung mit Stadtensembles ist gleichfalls ein Phänomen der Zeit um 1900. Während des gesamten 19. Jahrhunderts hindurch hatten sich die Architekten mit den alten Baudenkmälern auseinandergesetzt – dies geschah nicht zuletzt, um die historischen Vorbilder als Vorlagen für ihre Neubauten zu nutzen, schließlich ist das 19. Jahrhundert die Epoche der Rezeption alter Baustile, aber auch der Restaurierung und Rekonstruktion insbesondere mittelalterlicher Bauwerke. Die Entdeckung der Schönheit insbesondere mittelalterlicher Städte mit ihren Bürgerhäusern vollzog sich in weiten Teilen der Bevölkerung jedoch erst um 1900. So wurde die historische Stadt mit ihrem malerischen Erscheinungsbild ein beliebtes Studienobjekt. Architekten, Künstler, Politiker und Reisende begriffen die gewachsenen Ortsbilder, insbesondere die Fachwerkstädte, als Ausdruck einer „unangetasteten heilen Welt", priesen ihre Gemütlichkeit, ihren Reiz und ihre Stimmungsfülle.
Auch Frankfurt hatte in vielen Teilen seiner Altstadt malerische Straßenzüge um 1900 bewahrt. Vieles war jedoch bereits Neuem gewichten. So waren infolge der napoleonischen Eroberungszüge die Befestigungsanlagen, wie von den französischen Besatzern 1815 gefordert, niedergelegt worden. Nur wenige der einst über 60 Türme blieben erhalten. Andererseits konnte sich nun die Stadt, die etwa 41 000 Einwohner zählte, in der Breite ausdehnen und so den „Bebauungsdruck" innerhalb der Altstadt reduzieren. Die Zugänge in die Stadt markierten nun klassizistische Wachhäuschen, von denen nur die Affentorhäuser in Sachsenhausen erhalten sind.
Doch die Einwohnerzahl wuchs weiter. Sie vervierfachte sich zwischen 1871 und dem Ersten Weltkrieg von 100 000 auf 400 000 Einwohner, wozu allerdings auch die Eingemeindung zahlreicher Vorstädte beitrug. Es entstanden zwar Neubauviertel mit neuen Wohnhäusern, prächtigen Hotels, Geschäften und Kulturbauten, aber auch die mittelalterliche Innenstadt war von dem Bauboom betroffen und änderte sich rasant.
In diesem historischen Umfeld erschien von 1896 bis 1911 die lose Blattsammlung „Bilder aus dem alten Frankfurt am Main" von Franz Rittweger mit Fotos von Carl Friedrich Fay. Sie besteht aus 26 Heften mit zusammen 312 Abbildungsnummern. Es handelt sich um das umfangreichste veröffentlichte Bildmaterial zu einer historischen Altstadt in Deutschland. Dargestellt sind vor allem Plätze, Straßenzüge und historische Häuser mit ihren faszinierenden Innenhöfen. Zudem gibt es Innenraumansich-

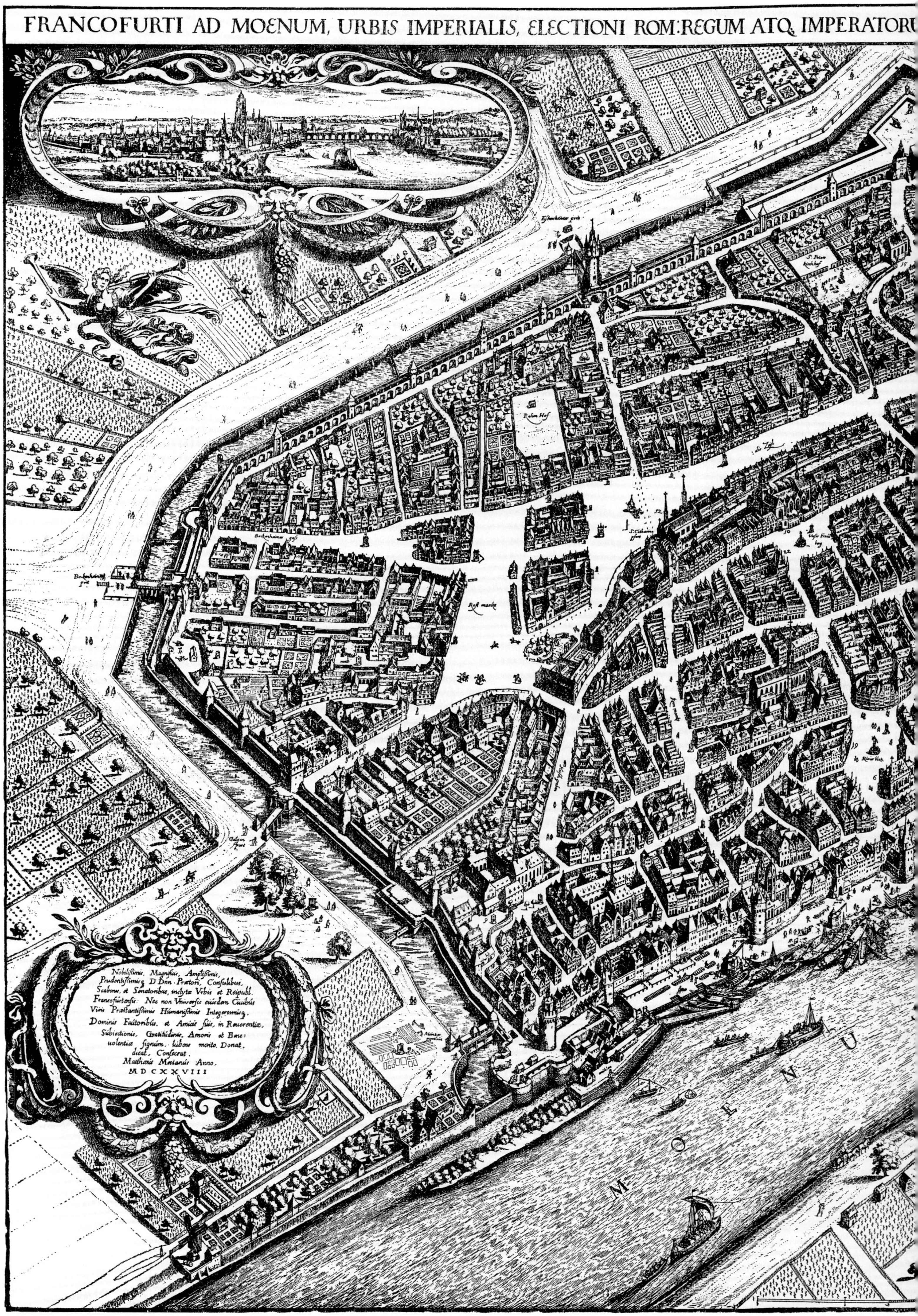
FRANCOFURTI AD MOENUM, URBIS IMPERIALIS, ELECTIONI ROM: REGUM ATQ. IMPERATORU
Nobilissimis, Magnificis, Amplissimis,
Prudentissimisq. D Dnn. Prætori, Consulibus,
Scabinis, et Senatoribus, inclytæ Vrbis et Reipubl.
Francofurtensis: Nec non Vniversis eiusdem Ciuibus
Viris Præstantissimis Humanissimis Integerrimisq.
Dominis Fautoribus, et Amicis suis, in Reuerentiæ,
Subiectionis, Gratitudinis, Amoris et Bene:
uolentiæ signum, libens merito. Donat,
dicat, Consecrat.
Matthæus Merianus Anno.
MDCXXVIII
MOENU

NSECRATÆ, EMPORIIQUE TAM GERMANIÆ QUAM TOTIUS EUROPÆ CELEBERRIMI ACCURATA DELINEATIO
Gallia Lugdunum miratur, at Itala tellus
Rem Venetam, Hispanos operosa Sevilla iactat,
Londinum Tamesis, speciosa Antverpia Scaldem.
Ast ego Teuthonicas inter caput altius Urbes
Effero FRANCFURTUM, qua Pons tua Mane fluenta
Saxeus, Urbis opus, quindeno fornice sternit,
Saxonibus Francos clarissima nomina jungens
Sola ego Cæsaribus quondam delecta creandis
Glorior, et celebris mercatu duplice nomen
Usque ad Hamaxobios peregrina merce propago.
Est foecundus ager, populus cum divite censu,
Cæsaribus servata fides, prudensq. Senatus.
Hæc mihi si constant, quis me neget esse beatam?
Sic voveo. I.L. Gotofredus.
Sachsenhausen
Matthaeus Merianus Basileensis, Civis et Calcographus
Francofurtensis mensus est, delineavit, expressit, cae-
lavit iurisq. publici fecit, Anno
1628.
Urbs ego Mercurio grata sum, Phoeboq. Iovq.
Castalijs Musis, Palladiq. Deæ.
Me Bromius, me flava Ceres, Pomonaq. blando
Lumine respiciunt, me quoque magna Pales.
Nec Charites Nymphasq. mihi Venus alma negavit:
Quis thesaurum superis me neget esse locum.
I.L.G.

ten der Altstadtkirchen und Darstellungen der Alten Brücke und der mittelalterlichen Stadttore. Ergänzt wird das Bildmaterial durch sehr informative Texte Rittwegers. Für das nun neu vorliegende Buch wurden alle Abbildungen übernommen und in gleicher Reihenfolge wie in der Blattsammlung wiedergegeben. Auch die Texte entsprechen in voller Länge dem Original. Lediglich Satzstellung und Verweise wurden dem heutigen Sprachgebrauch und Verständnis angepasst.
Carl Friedrich Fay (17.12.1853 in Frankfurt – 22.09.1918 in Geisa in der Rhön) ist der Verleger und Fotograf des eindrucksvollen Werks. Er war Inhaber der „Kunst-Anstalt für Photographie und Lichtdruck C. F. Fay", die er 1877 gegründet hatte. Die Blattsammlung „Bilder aus dem alten Frankfurt am Main" ist heute seine bekannteste Veröffentlichung.
Einen größeren Bekanntheitsgrad besitzt der Schriftsteller, Historiker und Journalist Johann Franz Xaver Rittweger (28.3.1821 in Frankfurt – 23.1.1910 in Frankfurt), mit dessen Tod auch das Erscheinen der Blattsammlung eingestellt wurde. Als Frankfurter hatte er die politischen und baulichen Veränderungen während des 19. Jahrhunderts „hautnah" miterlebt. Aus einer alten Frankfurter Famlie stammend, studierte er Geschichte und Literatur, unterbrach 1848 sein Studium, um sich als Freiwilliger am Krieg gegen Dänemark zu beteiligen, betätigte sich anschließend als Journalist und ging nach dem Scheitern der Frankfurter Nationalversammlung 1850 nach England und später nach Amerika, wo er den „Deutsch-Amerikaner" herausgab. Nur wenige Jahre später, 1854, kehrte er bereits wieder nach Frankfurt zurück, um erneut als Journalist – unter anderem bei verschiedensten namhaften Zeitungen – und als Schriftsteller tätig zu werden. Zu seinen wichtigen Werken gehören „Frankfurt im Jahre 1848" (1898) und die Theaterstücke „Der Meistersänger in Frankfurt" und „Das Pamphlet".
Carl Friedrich Fay und Franz Rittweger blicken in ihrer Veröffentlichung auf das historische Frankfurt mit seinen bedeutenden Sakralbauten, aber vor allem auf die reizvollen Profanbauten zurück. Diese Bürgerhäuser, die die malerischen und verwinkelten Gassen der im frühen und hohen Mittelalter gewachsenen Innenstadt einschließlich dem links des Mains gelegenen Sachsenhausen ausmachten, faszinierten sie. Auch in Rittwegs Texten ist ausführlich von diesen Gebäuden, ihren Hausnamen, ihrer Geschichte und Baugeschichte die Rede. Dabei handelt es sich fast ausschließlich um Fachwerkhäuser, die mit Ausnahme des Hauses Wertheim (auf der rechten Mainseite) und dem Bereich Große Rittergasse, Klappergasse und Schellgasse in Sachsenhausen fast gänzlich Ende des Zweiten Weltkriegs – insbesondere in der Nacht vom 22. auf den 23. März 1944 – niederbrannten.
Um das alte Frankfurt zu zeigen, mussten jedoch auch schon Fay und Rittweger auf ältere Fotos zurückgreifen, da einige Gebäude zum Zeitpunkt des Erscheinens der Veröffentlichung abgebrochen und den modernen Monumentalbauten gewichen waren. Auffällig ist, dass vor allem in den ersten Ausgaben der Sammlung die eher unbekannten und unspektakulären Häuser, Hinterhöfe und Detailansichten ausgewählt wurden. Erst in den letzten Heften finden sich Fotos der Alten Brücke, der Kirchen bzw. der touristisch bekannten Profanbauten. Mit der Dokumentation bestand die Absicht, einerseits für die Schönheit der historischen Stadt zu werben und andererseits den alten Zustand für die Nachwelt zu dokumentieren, da sich die Stadt in einem atemberaubenden Tempo zu wandeln schien.

Frankfurter Domberg um 1930

S. 6 und 7: Vogelschauplan von Matthäus Merian, gestochen 1628

FAY,

Bilder aus dem alten Frankfurt

am Main.

Nach der Natur.

12 Blatt in Lichtdruck.

Verlag von C. F. Fay, Frankfurt a. M.

Heft 3

Deckblatt der ersten Ausgabe der Blattsammlung, 1896

Paradiesgässchen 17

Der Durchgang vom Deutschherrnkai durch den Seitenbau des Kuhhirtenturms in Sachsenhausen führt in die Paradiesgasse. Das Bild gibt eine innere Ansicht des Hauses Paradiesgasse Nr. 17, und zwar einen interessanten Hauseingang, wie er bei den Sachsenhäuser Gemüse- und Weingärtnern vielfach zu finden ist. Die Treppe links führt zum ersten Stock, wo noch vor einem Jahrzehnt unter dem Zeichen des Tannenkranzes oder des Tannenbaumes „Eppelwein“ oder Sachsenhäuser Wein gezapft wurde. Das Haus ist heute (um 1900) in anderen Händen und bietet den Durstigen keine Labsal mehr.

Die Tuchgaden oder die alten Gaden (camerae antiquae) kommen unter diesem Namen schon im 14. Jahrhundert vor. Die Gasse führt von dem Markt unter dem Rothhaus (dem Haus mit den drei Säulen Roden huse das uff Suweln stet) nach der Bendergasse bzw. dem Krautmarkt, wo der sogenannte Schöppenbrunnen steht. Die Krämer, die in den Gaden (Gewölben) ihre Waren feil hielten, hießen die Gader-Leute oder die Tuchgader, d. h. Leinwandhändler. Später wurden die Gaden in Schirnen (Buden) verwandelt. Das Gässchen weist nur sieben Häuser auf. Das Bild von dem Höfchen eines dieser Häuser, am Tuchgaden Nr. 9, darf als ein anschauliches Beispiel der alten holzreichen Bauart gelten. Wir sehen den freigelegenen Stiegenaufgang, die Holzbekleidung und Verzierung, Geländer etc., die uns altväterlich anmuten.

Die Mehlwaage, Garküchenplatz

Die Mehlwaage, 1438 errichtet, bildet ein frei stehendes Gebäude, worin sich die Mehl- und Malzwaage befand. Ihr Unterstock diente zeitweise zur Wachtstube, auch kleine Läden wurden darin eingerichtet; dem 11. Quartier diente sie als Spritzenhaus. Im Jahre 1715 wurde die Mehlwaage neu erbaut. Der obere Stock war ehemals als Schuldgefängnis (Bürger-Custodie) eingerichtet und enthielt eine Wohnung für den Aufseher. Auf dem Bild ist auch ein Teil des „Fürsteneck“ sichtbar.

Deutschherrnkai

Noch bis in die zweite Hälfte des 19. Jahrhunderts zeigte sich von der alten steinernen Mainbrücke aus dem Beschauer das Bild der sogenannten Bleichen, die mit ihren Wasch- und Trockenhäusern vor der alten Stadtmauer lagen. Die Erbauung der Hochkais hat diese selbstverständlich verdrängt, aber noch heute (um 1900) erinnern uns Überreste der ehemaligen Befestigungen an die vergangenen Tage. In zwei mit „Deutschherrnkai" unterzeichneten Blättern erblicken wir Teile dieser Überreste. Die eine Ansicht ist in der Gegend der Obermainbrücke aufgenommen. Man sieht, von rechts anfangend, die Türme der neuen Dreikönigskirche, der Deutschordenskirche und des Frankensteiner Hofs. Von den ehemaligen sechs, später fünf Türmen der Mainmauer sind noch drei sichtbar: der Kuhhirtenturm (Elefant), der zweite, zu einer Wohnung überbaute, und der dritte in halb verfallenem Zustand. Die andere Ansicht ist von der Gegend des Ausgangs der Paradiesgasse durch den Torbogen des Kuhhirtenturms aufgenommen. Die linke der beiden in der Mitte des Bildes erscheinenden niederen gedeckten Veranden ist das bekannte „Altänchen".

Höfchen, Tuchgaden 9

Die Tuchgaden oder die alten Gaden (camera antiquae) kommen unter diesem Namen schon im 14. Jahrhundert vor. Die Gasse führt von dem Markt unter dem Rothhaus (dem Haus mit den drei Säulen Roden huse das uff Suweln stet) nach der Bendergasse bzw. dem Krautmarkt, wo der sogenannte Schöppenbrunnen steht. Die Krämer, die in den Gaden (Gewölben) ihre Waren feilboten, hießen die Gader-Leute oder die Tuchgader, d. h. Leinwandhändler. Später wurden die Gaden in Schirnen verwandelt. Das Gässchen weist nur sieben Häuser auf. Das Bild von dem Höfchen eines dieser Häuser, am Tuchgaden Nr. 9, darf als ein anschauliches Beispiel der alten holzreichen Bauart gelten. Wir sehen den freigelegenen Stiegenaufgang, die Holzbekleidung und Verzierung, Geländer etc., die uns altväterlich anmuten.

Hof, Hinter dem Lämmchen 6

Ansichten des Hofraumes bieten hübsche Galerien, die sich an der ganzen Fassade des Hinterhauses und der des linken Seitenhauses hinziehen. Solche Galerien waren im alten Frankfurt vielfach vorhanden und sind es teils noch. Der Sinn für das häusliche Leben bei unseren Voreltern ließ sie für derartige Verbindungsgänge, die zugleich einen angenehmen Aufenthalt in freier Luft an den wärmeren Tagen gewährten, Sorge tragen; solche Galerien bildeten in der Regel auch Raum zur Aufstellung und Zucht von Blumen und boten den Kindern einen leicht überwachbaren Spielraum.

Hinter dem Lämmchen 9

Hinter dem Lämmchen 9 gehört zu dem Haus „Zum alten Burggrafen" auf dem Markt. Im Jahre 1472 war hier der Born zum Lämmchen. Später wurde er mit Erde zugeworfen, der Brunnenstock blieb aber stehen und erhielt ein vergoldetes Lämmchen als Krönung.

Altes Pfarrhaus der St. Peterskirche, Schäfergasse 17

Das alte schieferbekleidete Gebäude ist das ehemalige Pfarrhaus der St. Peterskirche, seit Jahren und bis heute (um 1900) noch eine Kleinkinderschule enthaltend. Es war früher die Wohnung der Pfarrer zu St. Peter, ehe sie nach der Friedberger Gasse unweit des einstigen Bieberbrunnens verlegt wurde.

Bäckergässchen neben Nr. 22

Von den alten Gebäulichkeiten in Sachsenhausen sehen wir hier noch das malerische Bild des Hofraums in dem Bäckergässchen neben Nr. 22 mit dem alten Baume und dem niederen Häuschen und dem Schuppen. Das Gässchen zieht sich von der Dreikönigsstraße nach der Schulstraße und hat wohl seinen Namen von einem nahebei in der Dreikönigsstraße gelegenen Backhaus.

Klostergasse 23, hinter Haus „Zu den drei weißen Täubchen" – Höfchen Alte Mainzer Gasse 18

Vom Arnsburger Hof (Predigerstraße) zieht sich gleichlaufend mit der Fahrgasse eine Straße nach dem Einhornplatz. Baldemar von Petterweil beschreibt sie als Gasse vom Arnsburger Hof bis zum Rothenborn (bei der roten Badstube) und nennt sie Stegborngasse. Durch die Ansiedelung der Predigermönche nannte man sie später „Predigergasse" oder „Hinter den Predigern". Seit 1849 führt sie den Namen Klostergasse. Das Bild bringt uns eines der Hinterhäuser der Klostergasse Nr. 23 zu Gesicht, das Hinterhaus „Zu den drei weißen Täubchen". Für viele Frankfurter darf das Bild auch darum von Interesse sein, als in diesem Haus der Opernsänger Georg Müller, der lange Zeit in Wien ein Engagement hatte, geboren wurde.

Höfchen alte Mainzer Gasse 18. In diesem Bild sehen wir einen zwischen die Häuser gedrängten Treppenturm. Das Haus, dem derselbe angehört, liegt zwischen dem „Reusen" und dem „Gral" und führte den Namen „Zum Affen". Zu dieser Behausung gehörte noch ein anstoßendes Haus in der Kaffeegasse. Beide Häuser umgaben somit auf beiden Seiten das Eckhaus „Zum alten Gral". Sie waren Eigentum der Familie Caldenberg zum Affen.

Waschhaus, Große Rittergasse 12

Die Abbildung des Waschhauses, Große Rittergasse 12, früher im sogenannten Tiergarten, der sich von der Klappergasse bis zum Holzmagazin hinzog, gelegen, zeigt eine Ende des 19. Jahrhunderts verschwundene Stätte. Der ganze Häuserkomplex wurde im November und Dezember 1895 niedergelegt; an seine Stelle traten Neubauten.

Das deutsche Haus, Eingang der Deutschordenskirche

Die Kirche stand früher innerhalb der Hausmauer und wurde 1747 und 1751 auf Befehl des Deutschmeisters und Kurfürsten von Köln, Clemens August, aus dem Haus Bayern, bis zur Straße verlängert und erhielt daselbst unter einem bis über das Dach sich erhebenden Portal ihren Eingang. Zu gleicher Zeit wurde der neue Turm mit vier Glocken erbaut und das alte in der Mitte des Kirchendaches gestandene Türmchen, wie es sich auf dem Merian'schen Plane noch gezeichnet findet, entfernt. Der Ursprung der Deutschordenskirche ist auf ein Hospital zurückzuführen, dessen urkundliche Erwähnung bereits im Jahre 1193 geschieht.

Kutscherhof, Alte Gasse 14

Die Abbildung zeigt den Hofraum eines der älteren Häuser der Alten Gasse, dem Haus Nr. 14. Die Alte Gasse machte ursprünglich einen Teil der Friedberger Gasse aus. Da aber bei Anlage der neuen Festungswerke im Jahre 1628 das Friedberger Tor geschlossen wurde und von da an alles Fuhrwesen von diesem Teil der Friedberger Gasse abgeschnitten war, entstanden dadurch die Benennungen des alten Friedberger Tors und der Alten Friedberger Gasse, bis deren Teil in den Namen „Alte Gasse" abgekürzt wurde.

Goethehäuschen auf dem Mühlberg, Hühnerweg 72

Der Geheimrat Willemer besaß einen Weingarten auf dem Mühlberg, in welchem ein schmales turmartiges, mehrere Stockwerke hohes Häuschen eine prächtige Aussicht auf die weite Umgebung gewährt. Die Weinberge des Mühlbergs sind bis auf einige kaum nennenswerte Reste längst verschwunden; das Häuschen, das sogenannte „Goethehäuschen" steht an dem „Hühnerweg" fast noch unverändert wie zu Goethes Zeiten, wie diese Abbildung zeigt. Am 18. Oktober 1814 fuhr Goethe mit Willemer und dessen Gattin Marianne nach dem Häuschen und stand dort an einem Fenster, von dem aus die weite Umgebung mit den durch mehr als hundert Flammen ins Licht gesetzten Höhepunkten überschaut werden konnte. Eine Karte der Umgebung von Frankfurt war aufgelegt, auf der Frau Willemer die erleuchteten Stellen mit roten Tüpfchen bezeichnete. Sie bat Goethe, indem sie ihm einen Bleistift überreichte, einige Worte der Erinnerung auf die Fenstereinfassung zu schreiben, was er auch in der einfachen Weise: „Goethe, den 18. Oktober 1814" tat. Einige Jahre später ließ Frau Willemer in dem Häuschen einen neuen Anstrich ausführen; sie dachte nicht mehr an die Inschrift und fand zu ihrem größten Leidwesen die Handschrift des Dichters vernichtet.

Hof, Hinter dem Lämmchen 6

Die Ansicht des Hofraumes bietet hübsche Galerien, die sich an der ganzen Fassade des Hinterhauses und der des linken Seitenhauses hinziehen. Solche Galerien waren im alten Frankfurt vielfach vorhanden und sind es teils noch (um 1900). Der Sinn für das häusliche Leben bei unseren Voreltern ließ sie für derartige Verbindungsgänge, die zugleich einen angenehmen Aufenthalt in freier Luft in den wärmeren Tagen gewährten, Sorge tragen; sie bildeten in der Regel auch Raum zur Aufstellung und Zucht von Blumen und boten den Kindern einen leicht überwachbaren Spielraum.

Hof in der Klappergasse 39 in Sachsenhausen

Ansicht des Parterre-Raumes des Hauses Klappergasse Nr. 39, dem Gärtner Funk gehörig, das in malerischer Weise alle möglichen für den Gemüseanbau nötigen Utensilien in den altväterlichen Gelassen erkennen lässt. Die Klappergasse selbst, welcher Name allerdings bereits in einem Schöffengerichts-Protokoll des Jahres 1389 vorkommt, bestand 1552 noch aus wenigen Häusern und stieß im Tiergarten an die Schanze, „die Katz". Die vorher namenlose Gasse erhielt den Namen, als man ihn der Kleinen Rittergasse, die ihn früher führte, entzog und so eine Umtaufe vornahm.

Der freie Platz in der Saalgasse mit Blick auf den Dom

Die Saalgasse führte nach Erbauung des Heiligen Geist-Hospitals (1280) den Namen Heiliggeistgasse *(vicus hospitalis S. Spiritus)*; sie zog sich von dem Brunnen bis zum Fahrtor, der andere Teil war die Judengasse. Am Anfang des 15. Jahrhunderts hieß man sie Glesergasse (Glasergasse), dann erhielt sie den Namen Saalhofgasse und endlich (1698) Saalgasse. In der Gegend des breiten Teils, wo der Brunnen steht, wurde sie im 15. Jahrhundert auch Weckmarkt oder Brotmarkt genannt, was von den Brothallen und den außerhalb aufgestellten Brottischen herrührte. Der Weckmarkt wurde am Anfang des 16. Jahrhunderts an die Stelle verlegt, die heute (um 1900) noch der Weckmarkt heißt. Der Teil der Gasse vom Heiliggeistbrunnen bis zum „Storch" hatte nach der Versetzung der Juden in ihre nachmaligen Quartiere zeitweise den Namen Kirchhofgasse geführt und wurde nach 1571 mit der Heiliggeistgasse bzw. der Saalgasse vereinigt. Das Bild zeigt den breitesten Teil, den freien Platz der Saalgasse mit dem Brunnen und dem Ausblick auf den Dom. Das hinter dem Brunnen stehende Haus (Nr. 17) hieß ehemals das Hl.-Geist-Eck, über der Tür befindet sich eine Taube und die Umschrift „Zum heiligen Geist" 1752. Das gegenüberstehende Eckhaus auf der anderen Seite der Straße (Nr. 18) wurde mit dem Haus Nr. 16 anstelle der ehemaligen Brothalle, Domus panum, erbaut und bildete zugleich das Eck des ehemaligen Scharngässchens. Die linke Seitenansicht zeigt das Haus Nr. 22, das Scharnhaus mit Durchgang zur Bendergasse und Nr. 20, das Scharnhaus mit dem zweiten Durchgang; es hieß auch Häringshock und an seinem Tragstein steht die Jahreszahl 1546. Nachdem die Metzger ihre Schirnen (Buden) unter diesen Hallen verlassen und sich zu ihren Genossen in der Bendergasse gesellt hatten, wurden diese Lokalitäten den Verkäufern, die gesalzene Fische feilhielten, überlassen (1581), von wo sie aber später des üblen Geruchs wegen nach dem Garküchenplatz verwiesen wurden. Der Heiliggeistbrunnen kommt bereits 1483 vor, die Zeit des Aufbaues in seiner jetzigen Gestalt ist nicht bekannt; sein Brunnenstock trägt die Aufschriften: H. A. Bolling, Brunnenschultheiß. J. W. Siebert, älterer Brunnenmeister. A. Strömsdörfer, jüngerer Brunnenmeister 1832.

Schirnen am Dom

Das Bild zeigt die noch bestehenden Anbauten, die ehemaligen Schirnen (Buden) an der Dommauer und des südlichen Seitenschiffes des Doms, gegenüber dem Archivgebäude. Seit dem Vergleich von 1571 sollte die neue Kirchhofsmauer der Domkirche und was außerhalb derselben gelegen ist, dem Rat eigentümlich zustehen. Der Rat machte schon im Jahre 1573 am 27. Februar mit der Erbauung kleiner Hütten für die Bäcker an der Mauer den Anfang, am 20. Juli für die Hutmacher, Säckler und andere und am 1. März 1574 wurden abermals 14 Krämen für die Hutmacher und Häfner erbaut. Keine der Hütten durfte höher als die Kirchhofsmauer sein. Durch diese ersten Bäckerhütten erhielt die Gegend den Namen Weckmarkt. Die Hütten wurden im Laufe der Zeit alle in Scharnen verwandelt, die nun die neuen Scharnen hießen, während deren Insassen die Neuschärner genannt wurden. Diese Verwandlung geschah in der Mitte des 17. Jahrhunderts. Die Läden gehörten damals alle bis auf einen der Kämmerei; der eine gehörte der Kirche und das Stift ließ ihn, um den Eingang zwischen den magistratischen Läden nicht unbenutzt zu lassen, an dem Kirchflügel errichten.

Treppentürmchen im Haus Limpurg im Römer

Das schönste Beispiel vom alten Treppentürmchen in den Höfen der größeren Häuser bildet das Stiegenhaus im Hof des Hauses Limpurg, wie es hier nebst einem Teil der Römerhalle im Bild wiedergegeben ist. Dasselbe ist im Jahre 1607 erbaut worden und ist dem Schlossturm von Blois nachgebildet. Bei der Renovierung des Hauses Limpurg in der zweiten Hälfte des 19. Jahrhunderts wurde auch dieses Treppentürmchen erneuert. Der alte Ölfarbenanstrich wurde weggenommen und der rote Sandstein wieder ans Licht gebracht; die Profile wurden tunlichst ergänzt, die horizontale Turmdecke im Innern mit einem Gesims und mit leichter Kassettierung, das Stuckornament mit gleicher Profilierung wie die Stuckdecken im Hause Limpurg selbst hergestellt.

Nürnberger Hof, Eingang von der Schnurgasse

Der „Nürnberger Hof" zieht sich nach der Straße „Hinter dem Lämmchen". Der Hof gehörte schon 1280 dem Geschlechte deren von Glauburg. Der Teil des Hofes, der vom nördlichen Torbogen bis zur Schnurgasse reicht, hieß ursprünglich der „Schmiedhof" und wurde 1437 von den Glauburgern hinzugekauft. Der Glauburger Hof nahm erst im Jahre 1424 den Namen „Nürnberger Hof" an. Auf diesem Bild sehen wir den Eingang vom Nürnberger Hof (oder ehemaligen Schmiedhof) von der Schnurgasse aus.

Der Arnsburger Hof in der Predigerstraße gehörte dem Kloster Arnsburg in der Wetterau, das von Cuno von Münzenberg 1174 gestiftet war und das schon 1191 einen Hof in Frankfurt besaß. Eine ansehnliche Vergrößerung erhielt der Hof im Jahre 1223 durch ein Vermächtnis der Eheleute Baldemar und Cristantia, das ein Haus und einem Hof als Zuwachs brachte. Der Abt Antonius Antoni ließ 1717 den großen steinernen Bau, der noch heute (um 1900) steht und in dem sich neben dem allgemeinen Almosenkasten bis zur Errichtung des neuen Gymnasiums in der Neuen Rothhofstraße viele Jahrzehnte das alte Gymnasium befand, erbauen. Auch später diente es noch Schulzwecken, eine Zeit lang dem Armenamte etc. und heute (um 1900) ist darin eine Volksküche untergebracht. Der Arnsburger Hof war ein Freihof und kein Bettelvogt getraute sich, einen Bettler weiter als bis an den Eingang zu verfolgen. Der große Torbogen neben dem genannten großen Hauptbau führt in einen weiten Hofraum, der auf allen Seiten Gebäulichkeiten trägt. Über die Geschichte dieses Hofinnern berichtet Battonn: „*Unter den vielen in der St. Bartholomäus-Kirche ehemals gestifteten Vikarien waren vier, die noch keine eignen Häuser hatten, nämlich die des h. Johann des Evangelisten zweiter Stiftung des h. Michael, der h. Maria dritter Stiftung, und der hh. Peter und Paul. Um denselben auch einige Wohnungen zu verschaffen, überlies Conrad von Löwenstein im Jahre 1348 sein Haus und Gärtchen im Arnsburgerhofe, auf deren Platze bald darauf 4 Häuser erbauet wurden.*" Neben diesen Vikarienhäusern lag nach Westen zu der Karthäuserhof nebst Garten, dessen ältester Besitzer der Schöffe Conrad von Löwenstein war. Im Jahre 1372 erstand Petrus von Eschbach Haus, Hof und Garten, vermachte aber diesen Besitz im Jahre 1400 der Kartause auf dem Michelsberg bei Mainz. Die Kartause verblieb bis zum Jahre 1616 im Besitz des Hauses, bis sie es dem Bartholomäusstift verkaufte. Die Gebäude des Arnsburger Hofes sind jetzt (um 1900) städtisches Eigentum. Das Bild gibt eine Ansicht aus dem Innern des Hofes nach dem großen Eingangstor.

Hof der Stadt Straßburg in der großen Fischergasse

Hinter dem Lämmchen 6

Die Abbildung zeigt einen Teil der Außenfassade dieses Hauses, die westliche Ecke mit Madonnenbild in Skulptur unter gotischem Baldachin. Die Figur erinnert in ihrer Haltung in Einigem an die Riemenschneider'sche Madonna, wenn auch von der feinen durchgeistigten Arbeit des berühmten Holzschnitzwerks abzusehen ist. Am Haus selbst ist als Hauszeichen das Bild eines Lämmchens angebracht. Das Gebäude ist heute (um 1900) Eigentum der Stadtkämmerei.

In dieser Gegend hatten früher die Loh- oder Rotgerber ihren Aufenthaltsort, sie hießen die Loher, Lower, Lohrer oder Löhrer, wovon der Name Löhergasse abzuleiten ist, den diese Gasse zeitweise führte. Auf dem von Felsing in Darmstadt gestochenen geometrischen C. A. Ulrich'schen Stadtplan (nach 1828) – Verlag von Carl Jügel – ist die Gasse noch „an der Pumpen" bezeichnet. Von der kleinen Fischergasse aus befindet sich zwischen den Häusern Nr. 4 und Nr. 20 ein schmales Gässchen, das zum hinteren Teil des Straßburger Hofes führt und ein Bild der zusammengedrängten Häuser des alten Frankfurts zeigt.

Hof Barfüßergasse 5

Die Barfüßergasse führte früher den Namen Schnabelgasse von einem Eckhaus „Zum Schnabel" (auch findet sich für sie der Name *vicus Fratrum minorum* verzeichnet). Dem bekannten Weinhaus „Barfüßer Eck" steht das Haus des Bäckers Friedlein (1850 Gelhinger gehörig) gegenüber. Die o. a. Aufnahme zeigt den alten Treppenaufgang im Hof, der zu einer schönen alten Holzgalerie führt.

Treppenturm in dem Hof Schnurgasse 54

Die Schnurgasse wurde früher wegen der schnarrenden Webstühle der dort sesshaften Wollenweber (im Jahre 1387 zählte man hier 303 Meister) Schnargasse genannt. Die Erzeugung wollener Tücher bildete im Mittelalter in Frankfurt a. M. einen bedeutenden Handelszweig. In die Schnurgasse münden auf beiden Seiten eine ziemliche Anzahl Seitengässchen, Stumpfgässchen und Gehöfteeingänge, zwischen zwei von ihnen, der Bockgasse und der Ziegelgasse, befindet sich das Haus Nr. 54, das dem Fräulein Pflug gehört. Das Haus führte früher den Namen Greifenstein, später großer Lindenfels; im Jahre 1399 kommt eine Herberge zum Griffenstein vor. Das Bild zeigt einen im Hof befindlichen Treppenturm, wie sie im alten Frankfurt häufig vorkommen.

„Zum Vogel Strauß", Ecke Buch- und Schüppengasse

„Zum Vogel Strauß", niedergelegt 1896, war ein Teil des Areals der von Bethmann'schen Geschäftslokalitäten. Früher (1321) zum „Gießhübel" genannt, nahm das Haus von einem hier gezeigten Strauß den Namen „Zum Strauß" an. Die Inschrift unter dem ehemals am Haus angebrachten Bild gibt das Jahr 1577 an. Bei dem Abbruch des Hauses wurde das Bild sorgfältig kopiert und ward an der neuen Front des Hauses nach der Schüppengasse wieder angefügt. Wie sich aus den Nachforschungen des Pfarrers Dr. Eduard Steitz ergibt, war das Haus „Zum Strauß" Wolf Parentes Haus, und hier war es, wo Dr. Martin Luther 1521 zu wohnen pflegte, wenn er Frankfurt besuchte. In der zweiten Hälfte des 19. Jahrhunderts war auch eine sich darauf beziehende Inschriftstafel an dem Haus angebracht worden.

Brunnen und Altan auf dem Haus „Zur Goldenen Waage"

Treppenturm im Haus „Zur Goldenen Waage",
Alter Markt

Die große Eingangspforte an der Höllgasse führt in ein Höfchen, von dem rechts ein sechsseitiger Treppenturm mit gewundener Steintreppe durch alle Stockwerke emporstrebt. Er bietet an seinem obersten Stockwerk eine prächtige Aussicht über einen großen Teil der Stadt. Einige Stufen höher öffnet sich nach Westen eine Tür, die auf einen geräumigen Altan führt; nochmals einige Stufen höher ist eine zimmerartige Halle mit schön geschnitztem Holzdach und Fensterbrüstungen mit Holzgitterwerk aufgebaut, in der um einen Tisch einige 20 Personen Platz finden. Ein verzierter Brunnen zeigt zwischen gewundenen Säulen eine Marmormuschel. In den beiden gegebenen Bildern sehen wir diese poesievolle Bauanlage in luftiger Höhe. Derartige Altane waren in damaliger Zeit ein beliebter Aufenthaltsort der Familien und dienten zur Erholung an Festlichkeiten und häuslichen Arbeiten.

Hof im Fritschengässchen 1 in Sachsenhausen

Von der Elisabethenstraße nach der Wallstraße zieht sich ein schmales Gässchen, welches den Namen Fritschengässchen führt. Der Name scheint von einem Anwohner Fritsch herzurühren. Das Bild zeigt uns den Hofraum des Hauses Fritschengässchen Nr. 1 neben dem Eckhaus der Elisabethenstraße. Es gehört dem Gärtner Lenz und bildet zeitweise eine der vielen Heckenwirtschaften in Sachsenhausen. Auch hier sehen wir ein Interieur, dem vollkommen der Charakter der Gärtnergelasse innewohnt, die in Sachsenhausen so anheimeln. In dem Haus gegenüber bestand schon zu Anfang des 15. Jahrhunderts ein Brauhaus (Fritschengässchen Nr. 2). Dies wurde früher der Benderhof an der Stadtmauer genannt und von seinen Besitzern ist der Name Michel von Nuess, Bierbrauer, bekannt.

Eckhaus (links) an der Frankensteiner Straße in Sachsenhausen

In der Großen Rittergasse ist im Jahre 1877 durch Niederlegung eines Häuserkomplexes eine neue Straße, die Frankensteiner Straße, eröffnet worden, die von der Rittergasse zu der Obermainbrücke bzw. dem Frankensteiner Platz führt. Circa acht Häuser, die teils an der Rittergasse standen, teils sich an die Stadtmauer lehnten, fielen dem Durchbruch zum Opfer. Der größere Teil dieser Grundstücke führte den Namen Klöppelhof oder Klüppelhof. Bei dem heute (um 1900) noch stehenden Haus, Große Rittergasse Nr. 64, war früher der Eingang zu diesem Hofe; es gehörte am Anfang des 19. Jahrhunderts einer Familie Dorschel, heute (um 1900) ist es das Haus von Freyeisen.

Eckhaus (rechts) an der Frankensteiner Straße in Sachsenhausen

Die Große Rittergasse Nr. 86 gehörte einem Manne mit Namen Geissler, heute (um 1900) den Schneider'schen Erben. Im Volksmunde heißt es noch das Spital, von den älteren Bewohnern Sachsenhausens wurde es das Pestilenzhaus genannt. Ein Teil der Häuser des Klüppelhofs war dicht an den zweiten der fünf Festungstürme der dortigen Stadtmauer gebaut. Hinter dieser Mauer dehnten sich die Bleichen bis zum Main, auf welchen zwischen dem zweiten und dritten Turm die sogenannte Wellenscheuer an die Stadtmauer angelehnt stand.

Rückseite der Häuser in der Blauen Handgasse

Rückseite des Hauses Börnestraße 32

Einen hochinteressanten Blick gewährt von dem Haus Schüppengasse Nr. 7 aus das sich nahe dem „Strauß" befindliche Haus der Blauen Handgasse in seiner Hinterfassade und den anstoßenden Gehöften und Baulichkeiten. Die Blaue Handgasse führte bis in die Mitte des 14. Jahrhunderts den Namen Michelsgasse (Michilsgazze), nach Battonn von dem ehemaligen Gotteshaus zu St. Michael. Nach Fichard hat indes die Gasse ihren Namen von dem Geistlichen Johannes Michel, der dort ein Haus besaß und dieses Haus zu einem Gotteshaus stiftete, das „Michels Gotteshaus" hieß. Der Name Michelsgasse verlor sich nach Aufhebung dieses Gottes- oder Beguinenhauses und nahm nach dem Haus „Zur blauen Hand" (Nr. 5) den Namen Blaue Handgasse an. Über dessen Tür war eine blau bemalte Hand und der darunter gesetzte Reimspruch *„Dieses Haus steht in Gottes Hand, Zur blauen Hand ist es genannt, 1771"* angebracht.

Neben der Hauptsynagoge Börnestraße führt ein gebogenes Stumpfgässchen hinter das israelitische Gotteshaus. In diesem Gässchen öffnet sich ein viereckiger torartiger Hauseingang unter einem alten Gebäude, das die Nr. 32 trägt; dies ist gewissermaßen ein Hinterhaus zu dem Marburg'schen Haus Nr. 67 der Allerheiligenstraße. Es führte ehemals den Namen „Zum Römischen König" und war ein Gasthaus. Noch früher hieß es der „Lange Gang", weil man von der Allerheiligenstraße durchgehen konnte. Bei dem Brande von 1711 ging hinten die Scheuer als das einzige von den Christengebäuden zugrunde. Für die Bewohner des Marburg'schen Hauses ist ein Durchgang noch heute (um 1900) vorhanden. Das Haus hinter der Börnestraße Nr. 32, von dem sich hier eine Abbildung vom Hof aus bietet, ist sowohl wegen der Bauweise als auch der Wohnart der vergangenen Zeit interessant.

Nürnberger Hof, innere Ansicht

Die Abbildung zeigt das Innere des eigentlichen „Nürnberger Hofs“ (Glauburger Hofs) mit dem Ausgang nach der Straße „Hinter dem Lämmchen“. Die Häuser hier sind Wohnhäuser, das mit hohem Giebel versehene Gebäude mit der Freitreppe in der linken Ecke aber ist das „Gasthaus zum Nürnberger Hof“. Der Nürnberger Hof diente zwei Kaisern, Friedrich und Maximilian, in den Jahren 1486 und 1517 zu ihrem Aufenthalt, der Kurfürsten und Fürsten nicht zu gedenken, die sich von Zeit zu Zeit darin aufhielten. So findet sich in Ohlenschlagers neuen Erläuterungen der Goldenen Bulle Kaiser Karls des IV. angeführt: „*Anno Domini XIIIIc LXXXVI (1486) hat unser allergnädigster Her der Romische Keyser der Kurfürsten und andern Fürsten und Herren des Richs ein Tag uff Sebastian zu Franckfort zu sin angesetzt, und usschriben lassen; Und sint diese nachbenante Fürsten und Herren daruff uff, obgenante Zeyt geyn Franckfort komen zu seiner Kaiserlichen Majestat in den Norenberger Hoff in sine Herberge auch sust die Fürsten und Herren zu eynander alle Tage geritten und geratslagt*“ etc. Der Zwergbau über dem inneren Torbogen nach der Gasse hinter dem Lämmchen ist noch eines der alten Gebäude, das sich durch seine Gewölbe mit Wappen und gotische Zierrate besonders auszeichnet. Die Wappen sind in der Mitte: von Glauburg und von Kranchen und neben herum: von Bär, von Oppen, von Krauch, Weiss von Limburg, im Saal genannt Spangenberg und von Knobloch. Das jetzige Gasthaus bestand schon im Jahre 1704. Der Brunnen im Nürnberger Hof war bereits im 13. Jahrhundert vorhanden. Im Jahre 1848 zur Zeit des Vorparlaments tagten im Gasthaus zum Nürnberger Hof die extremsten Glieder der damaligen Bewegung, unter anderem Joseph Fickler von Constanz, Carl Blind, August Willich u. a., und von hier aus wurde beschlossen, in Baden loszuschlagen, und zwar im Seekreis, wo die Stimmung der Bevölkerung der Sache am günstigsten schien. Im Nürnberger Hof wohnte auch der reiche Kaufherr Jacob Heller für den Albrecht Dürer das berühmte Altarbild für die Dominikanerkirche malte, das 1674 bei einem Schlossbrand in München zugrunde ging. Nachgewiesen ist, dass Albrecht Dürer auf seiner Reise in die Niederlande, die im Jahre 1520 stattfand, mit seiner Frau und Magd Susanne im Nürnberger Hof Herberge genommen und hier einen Tag und zwei Nächte verweilte.

Die Gerbermühle bei Oberrad

Die Gerbermühle am Main wurde früher zusammen mit dem Wasserhof das „Alt Strahlenberger Erb- und Frauenlehn" genannt, das Hert oder Hartwig von Strahlenberg, der in der Mitte des 14. Jahrhunderts nach Frankfurt gezogen war, erbaute. Die von dem Wasserhof getrennt liegende Gerbermühle wurde am Anfang des ersten Jahrzehnts des 19. Jahrhunderts von dem Bankier Geheimrat Johann Jacob Willemer zum Sommeraufenthalt gemietet. Im Herbst 1814 besuchte Goethe seine Vaterstadt und kehrte in der Gerbermühle ein. Längeren Aufenthalt nahm der Dichter dort im Jahre 1815. In einem Gedicht Marianne Willemers heißt es:

Kennst du den Weg durch Feld und Wiesengrün?
Willkommen! ruft der Schafe friedlich Zieh'n,
Fern unter Bäumen rauscht der Mühle Bach.
Ihr Schatten birgt dem Freund ein gastlich Dach.
Kennst du es wohl?

Am 12. August 1815 war Goethe mit Sulpiz Boisserée in Frankfurt angelangt. Goethe fuhr sofort nach der Gerbermühle, wo er zur Tischzeit um zwölf Uhr eintraf. Er verweilte auf der Mühle bis zum 19. September und reiste dann mit Boisserée, der im „Schwanen" abgestiegen war, nach Darmstadt ab. Es war das letzte Mal, dass er seine Vaterstadt gesehen hat. In jenen Tagen entspann sich das reizende Idyll des Freundschaftslebens zwischen dem Dichter und Willemers Gattin Marianne, dem Vorbild der Suleika in Goethes Westöstlichem Divan, das uns so anmutend aus dem von Theodor Creizenach herausgegebenen „*Briefwechsel zwischen Goethe und Marianne von Willemer*" entgegentritt; Willemer starb am 19. Oktober 1838, Marianne überlebte ihn um 22 Jahre, sie starb am 6. Dezember 1860. Nach Willemers Tode diente die Mühle zeitweise wieder ihrem eigentlichen Zweck, wurde eine kurze Zeit Wirtshaus und dann zu Wohnzwecken vermietet. Das Gebäude war dem Verfall nahe –, wurde 1902 durch die Stadt von den Strahlenburger Lehen auf 100 Jahre erworben und von Grund auf ausgebessert. In den 1870er-Jahren wohnte die Schriftstellerin W. von Humbracht darin. Am Offenbacher Fußweg nahe dem Haus steht noch ein Heiligenstock mit einem eingehauenen Wappen und der Jahreszahl 1519 und der Inschrift „Dieter Koll", dem Namen eines auf der „Fläschenburg" bei Oberrad hausenden Raubritters, für dessen Seelenheil der Wanderer hier beten sollte. Unter dem Häuschen des Heiligenstocks ist eine einen Ring haltende Hand zu sehen. Der Sage nach habe sich hier ein Herr von Strahlenberg mit einem Fischermädchen aus Offenbach verlobt, das später als Anna von Ovenbach geadelt worden sein soll.

Die lange Schirn

Die lange Schirn, ein schmales Gässchen, das von dem Markt nach der Bender- und Saalgasse führt, hieß früher „Scharngasse", auch „Niedere Schirn". Das Eckhaus rechts, das auf den Markt geht und die Nummer 19 trägt, führte früher den Namen „Zum Neuenhause", später „Zum Metzger" und gehörte anfangs dieses Jahrhunderts der Familie v. Carben. Das links sichtbare, etwas zurückstehende Haus, einst „kleiner Rosenbaum" genannt, ist ein Fachwerkbau im einfachen Stil der alten Wohnhäuser, im zweiten Stockwerk mit Schiefer gedeckt. Von neuerem Interesse ist, dass auf dem kleinen Plätzchen vor diesem Haus im Jahre 1877 eine Tribüne errichtet war, auf welcher dem nach Frankfurt gekommenen Kaiser Wilhelm I. von dem Metzgermeister Reuter ein Glas Apfelwein in Form eines Ehrentrunkes gereicht wurde. Ähnlich geschah es im Jahre 1889 durch Metzgermeister Marx, der dem Kaiser Wilhelm II. ein Glas Apfelwein kredenzte.

Plätzchen an der Schmidtstube

Das Plätzchen hat seinen Namen von der „Schmidtstube", dem Haus, das sich von dem ehemaligen Metzgertor nach dem Plätzchen zieht. Das Haus „Schmiedtstube", vorher „Zur alten Münze" kommt in der Brunnenrolle vom 16. Jahrhundert als der Schmiede Zunftstube vor. Zur Ostermesse 1629 wurde darin ein zehnjähriger Elefant gezeigt, dessen Bildnis später an das Haus gemalt war. Nach Auflösung der Zunftstuben ums Jahr 1616 ging das Haus in andere Hände über. Der östliche Teil der Schmiedstube war vermutlich das Judenbad. Das daran stoßende Haus Nr. 5 hieß früher „Lungenmus". Links davon sehen wir das hervorstehende Haus Nr. 1, das früher den Namen „Stadt Nürnberg" führte, es war wohl zuerst ein Backhaus und wurde dann das „Juden-Heckhaus" (Wein- und Wirtshaus). Die Wirte pflegten ursprünglich, Bäume vor ihre Häuser zu stellen oder auch Reiser (Hecken) daran zu setzen, woher der Name „Heckenwirte" kommt. Zurück hinter diesem blickt die „Stadt Darmstadt" (große Fischergasse Nr. 12) hervor, die mit dem in der Brunnenrolle von 1648 angeführten Gasthaus „Dannenberg" gleichbedeutend ist. Dieses Haus, dessen Giebel teilweise mit Holzschnitzereien versehen ist, darf darum als bemerkenswert angesehen werden, weil darin der bekannte große Arzt und Chirurg Lorenz Heister (geb. 19. September 1683 in Frankfurt a. M., gest. 18. April 1758 zu Helmstedt) seine Knabenjahre (vom 2. bis 19. Jahre) verbrachte. Sein Vater hatte das Haus nach der Geburt des Knaben gekauft. Ein stark verblasstes Bildnis des berühmten Arztes befindet sich an einem Fenster des oberen Stockwerks. Links von diesem Haus sieht man einen Teil des „Roseneck" und ganz links davon einen Teil des städtischen Archivgebäudes.

Im Hainerhof

Der Hof am Pfarreisen, der heute (um 1900) diesen Namen führt, kommt schon 1240 in den Frankfurter Aufzeichnungen vor. Damals kaufte das berühmte Zisterzienserkloster Haina von Friedrich von Marburg und dessen Gemahlin Irmengard den beim damaligen Kirchhof gelegenen *(juxta cimiterium sitam)* Hof. Er war anfänglich weit größer als heute (um 1900), da nach und nach Teile davon abgetrennt wurden. Noch 1529 ließ der Abt des Hainaer Klosters, Dietmar von Wetter, eine neue Behausung im Hainer Hof anfangen, starb aber am 9. Mai desselben Jahres. Wie groß der genannte Friedhof früher war, ist wohl nicht mehr genau nachzuweisen, aber als man 1780 im Hainerhof eine Zisterne grub, wurden dort Totengebeine aufgefunden. Die Kapelle im Hainerhof, die wir auf dem Bild rechts sehen, war bereits im Jahre 1146 errichtet. Im Jahre 1142 war der heilige Bernhard in Frankfurt, wo er den Kaiser Konrad zu einem Zug in das gelobte Land ermunterte und im Hainerhof große Wunder tat, indem er viele Kranke heilte und dabei einen solchen Zudrang fand, dass ihn der Kaiser mit eigenen Armen aus dem Gedränge heraustragen musste. Dem heiligen Abte zu Ehren wurde die Kapelle getauft und zwei Mönchen dabei Aufenthalt angewiesen. Nach und nach zerfiel aber die Kapelle und 1474 ließ sich ein Patrizier, Jacob v. Inckhausen, sonst zu Schwanau genannt, und dessen Gemahlin, Rilche von Hotzheim, vorher verehelichte Weissen von Limpurg, wieder aufbauen. Das Haus mit dem Torbogen, durch welchen man in den Hof gelangt, hieß das „Pforthaus", an das rechts der „Alte Schweizer" stößt. Im Hof selbst, rechts in der Ecke, steht der „goldene Hühnerfuß", daneben der „goldene Hirsch", schon 1601 unter diesem Namen bekannt und seit langer Zeit ein Wirtshaus, dann folgt die Kapelle und dieser zunächst das Hessenkassel'sche Posthaus. Das querstehende Haus hieß zur „Eule"; auf der linken Seite befindet sich der ehemalige „Löwe", dann der „Palmbaum", in welchem am 8. August 1718 die Base des Kanonikus Hormick (vom Bartholomäus-Stift) in den Keller fiel und sich den Hals brach; das nächstfolgende Haus ist das Hinterhaus der auf das Pfarreisen stoßenden „großen Linde". Im Hofe befand sich ein schöner Brunnen, der 1745 mit einer Pumpe versehen wurde, aber doch für den Notfall Eimer und Rolle behielt. In der Mitte des 19. Jahrhunderts wurde er entfernt.

Friedrich Stoltzes Geburtshaus

Der früher geschlossene Hof zum Rebstock zwischen Markt und Schnurgasse gehörte im 14. Jahrhundert dem vornehmen Geschlecht der Weissen von Limburg. Von diesem ging er noch vor Erlöschen dieses Geschlechts in den Besitz des Junkers Justinian Rauscher über (1544). Nach diesem kam er an Ulrich von Rauscher, der sich 1543 mit Elisabeth von Hell, genannt Pfeffer, verehelicht hatte und dadurch in der adligen Gesellschaft vom Haus Limburg Aufnahme fand. Die Wappen der Eheleute waren an dem Torbogen der Kruggasse angebracht worden. Später wurde der Hof Eigentum verschiedener nichtadliger Personen. Die drei Ausgänge nach dem Markt, der Neugasse und der Kruggasse sind seit langer Zeit nicht mehr geschlossen. In diesem ehemaligen Hofe befindet sich das hier wiedergegebene Geburtshaus des beliebten Volksdichters Friedrich Stoltze. Das Haus war 1632 Gasthaus und führte den Namen „Zum Rebstock“. Stoltzes Vater, geb. am 21. März 1783 zu Hörla in Waldeck, war früher Oberkellner im „weißen Schwan“, hatte sich vermählt mit Anna Maria Rottmann, Tochter des wohlhabenden Wirtes „Zur goldenen Spitz“, welches Haus hinten an den Rebstock mit Ausgang nach dem Mäusgässchen stieß. Der Vater, Christian Stoltze, der das Haus käuflich erwarb, betrieb dort die Gastwirtschaft und einen Mineralwasserhandel und bekleidete auch die Hauptmannscharge im Löschbataillon. Hier verkehrten anfangs der 1830er-Jahre die Frankfurter Liberalen, darunter Funck, Sauerwein und Freyeisen, ebenso war bei dem Durchzug der Polen der Rebstock deren Sammelort, und Stoltzes Schwester Anna war nach dem Frankfurter Aufstand 1833 zur Untersuchung bzw. zur Vernehmung geladen worden, wie in Stoltzes Gedichten mehrfach erwähnt ist. Stoltzes Vater starb am 21. November 1837, die Mutter am 24. Dezember 1868. Friedrich Stoltze war am 21. November 1816 geboren und starb am 28. März 1891. Am 70. Geburtstag des Dichters (1886) wurde das Geburtshaus mit einer Gedenktafel mit der Umschrift: „*Der Bezirksverein Altfrankfurt errichtete diese Tafel am 70. Geburtstag des Dichters*“ geschmückt.

Hinterhaus in der Klostergasse

Auf Seite 15 ist bereits das Haus Klostergasse Nr. 23, zu dem es gehört, erwähnt. Das Mauerwerk dürfte dem Anschein nach zum Teil den alten Befestigungen entstammen.

Winzer-Wahrzeichen im Rebstock

Hoch oben an der Brandmauer des vorragenden Eckhauses der Kruggasse nach dem Rebstock zu ist ein von unten schlecht wahrzunehmendes Steinbild eingelassen, das einen Mann darstellt, der im Begriffe ist, an einem Rebstock zu hantieren. Der verstorbene Maler Carl Theodor Reiffenstein hält es für wahrscheinlich, dass die Skulptur sich früher am ehemaligen Tor des Hofes zum Rebstock befunden habe und erst später an die Brandmauer versetzt worden sei. Auch erwähnt er die Sage, dass früher an der Stelle des jetzigen (um 1900) Hofes ein Garten gewesen wäre, in dem sich eine Rebe von solcher Stärke befand, dass ein Mann sie nicht habe umfassen können und von der wohl der Name „Rebstock" herkomme. Die auf diesem Blatt befindliche Abbildung zeigt das Wahrzeichen, das lange eine irrige Deutung fand, zum ersten Male vollständig und richtig.

Ziehbrunnen im Hof des alten Gymnasium, Predigerstraße 3

Wie bereits auf Seite 24 bemerkt, besaß das Kloster Arnsburg in der Wetterau hier einen Hof. Ein Teil des Hofes ist vom Inneren nach dem Eingangstor zu ebenfalls auf Seite 24 bildlich wiedergegeben. In den großen steinernen Bau, der die Vorderseite dieses Hofes bildet, und zwar im östlichen Teil, wurde nach Aufgabe des alten Lehrgebäudes im Barfüßerkloster das städtische Gymnasium 1839 überführt und blieb, bis es 1876 aufs Neue (in die Junghofstraße) verlegt wurde. An das alte Gymnasium stößt ein anheimelndes, von Bäumen beschattetes Gärtchen, in dem sich ein alter (jetzt geschlossener) überkuppelter Ziehbrunnen befindet (um 1900). Der malerische Reiz dieser noch bestehenden Lokalität ist in dem vorliegenden Blatt glücklich im Bild wiedergegeben.

Hinterhäuser in der Rosengasse

In valle rosarum oder „im Rosental" hieß von alters der ganze Bezirk, der in der nächsten Nähe des Hirschgrabens und der Weißadlergasse gelegen war. Zu diesem Bezirk gehört auch die Rosengasse *(vicos rosarum)*, die sich noch heute (um 1900) in ziemlich demselben Zustande zeigt wie vor vier oder fünf Jahrhunderten; sie hat wohl ihren Namen von einem Haus „Zur Rose". Ein Haus „Zur Rose" *(curie rosae)* lag gegenüber dem Rosenborn oder Rosengassbrunnen, der auf einem kleinen Plätzchen auf der linken Seite der Gasse von der Weißadlergasse nicht weit entfernt stand, heute (um 1900) aber verschwunden ist. Das Bild, das in diesem Blatt von dem Charakter der dortigen Bauten Zeugnis gibt, bedarf keiner näheren Erläuterung.

Oberer Teil der Löhergasse

Die Löhergasse in Sachsenhausen wurde ursprünglich namentlich von den Lohgerbern bewohnt, die sich in der Nähe des Wassers niederließen, da sie es benötigten. Es führten dann auch von der Löhergasse einst vier Pförtchen nach dem Main. Von den 34 Meistern dieses Handwerkes, die Frankfurt im Jahre 1385 zählte, wohnte der größte Teil in Sachsenhausen. Die Löhergasse hatte manche Schicksale zu verzeichnen; im Jahre 1635 wurde ein Teil durch eine Feuersbrunst verwüstet. Im Jahre 1794, am 5. März kurz nach Mitternacht, stürzten zwei Häuser durch die hohe Wasserflut und den starken Eisgang in den Main, eine Kindbetterin, die dabei mit herabstürzte, wurde glücklich gerettet. Im Jahre 1814 brannten das Haus Nr. 33 und noch zwei Häuser in dem Schnürriemengässchen ab. Der obere Teil der Löhergasse hieß der Stockberg mit dem Stockbergbrunnen. Das Bild zeigt einen Teil der Löhergasse mit dem Haus Nr. 12. Es ist ein altes dreistöckiges, etwas hervorstehendes Haus. Vom ersten Stockwerk an mit Schiefersteinen bekleidet, hat es auf der westlichen Seite eine mit Glasfenstern versehene Galerie – ein echtes Bild der alten bürgerlichen Bauart.

Höfchen in der Löhergasse

Nicht weit von dem eben genannten Haus, auf der anderen Seite der Straße, befindet sich in einem Stumpfgässchen die niedere Behausung Nr. 5, nächst dem Stockbrunnen gelegen. Das Gässchen führte den Namen Schweickardsgässchen wegen des in der Dreikönigsstraße gelegenen, aber hinten in dem Gässchen mit einer Tür versehenen Schweickardshofs. Das Bild zeigt einen Teil des Inneren dieses Hofs. An der Eingangstür des niederen Hauses befindet sich noch eine Inschrift: „Hier zum Schweickardt-Hof genannt."

Wirtschaftshof von Schreiber in Bornheim

Der Wirtschaftshof von Schreiber in Bornheim, in der kleinen Spillingsstraße nächst der protestantischen Kirche, ist ein behagliches Heim für die Freunde eines guten Schoppens Apfelwein, die einen ländlichen Aufenthalt in sommerlicher Zeit aufsuchen.

Plätzchen bei der Paradiesgasse

In Sachsenhausen ist durch das Zusammentreffen von Elisabethenstraße, Paradiesgasse und Rittergasse ein kleines Plätzchen gebildet, auf dem sich ein Brunnen befindet und das im Sachsenhäuser Volksmunde den Namen „die Berscht" (Börse) bekommen hat, weil sich allabendlich die jungen Leute dort mehr oder weniger zusammenfinden, um sich über das Eine oder das Andere zu verabreden. Das sich im Mittelpunkt des Bildes befindliche Eckhaus war früher als das Haus des Rüdiger Wener oder „das rote Kreuz" bekannt. Der dort davor sichtbare Brunnen, der Bäckerbrunnen, ist wohl einer der ältesten Brunnen von Sachsenhausen. Seine heutige (um 1900) Inschrift stammt aber erst aus dem Jahre 1794 und bezeichnet als Brunnenmeister: J. J. Schwan, C. W. Greulich und J. W. Valentin.

Tuchgaden 9

Das Metzgerhöfchen dieses Hauses ist bereits auf Seite 12 dargestellt, hier geben wir mit diesem Blatt die andere Seite. Dieses Höfchen ist seiner versteckten Lage wegen nicht so bekannt, wie es das seiner malerischen Reize wegen verdient. Beim Betreten des kleinen Raumes ist man überrascht über den ungemein feinen Ton, wenn auch die Aufnahme die Wirkung nicht ganz wiederzugeben vermag, so sollen doch diese Blätter auch dazu Veranlassung geben, die Örtlichkeit aufzusuchen.

Hof der „Stadt Straßburg", große Fischergasse 35

Auf Seite 25 wird das Bild des Hofs zur Stadt Straßburg bereits vor Augen geführt, auf dem vorliegenden Blatt sehen wir das Gehöft von einer anderen Seite. Auch hier liegt das Interesse darin, dass das Blatt eine Vorstellung von der alten genügsamen Weise gibt, mit der die dahingegangene oder die im Schwinden begriffene ältere Generation in den Winkeln und Ecken lebte und sich ihrer Beschäftigung hingab. Obiges gilt auch für dieses Höfchen, das fast ganz unbekannt im Halbdunkel liegt.

Eckhaus der Schirnen am Tuchgaden

Der Durchgang, der von dem alten Markte nach der Bendergasse, Krautmarkt, führt und heute (um 1900) gemeinhin mit dem Namen Tuchgaden bezeichnet ist, hieß früher *camerae antiquae* oder die alten Tuchgaden; er beginnt an dem auf drei Säulen ruhenden Gebäude, das auf dem vorliegenden Blatt heraustritt und das seinen Eingang in dem links anstoßenden Nebenhaus hat. Das Haus führt noch heute (um 1900) im Volksmund den Namen „Zu den Drei Säulen", hieß aber früher das „Rothehaus". Die Bezeichnung „Zu den Drei Säulen" kommt auch schon in einer Urkunde des Jahres 1412 vor, wo es heißt: *„under dem Hause daz uff den Säulen steht – mit Namen zu den dreen Sulen"*. Als frühere Besitzer werden Lotz von Holzhausen und Johann Erwin genannt. Bei diesem Bild ist besonders der Wechsel der Staffage an den Wochentagen für den Fremden sehr anschaulich, was freilich an früheren Markttagen noch viel mannigfaltiger war.

Eingang zum Pfarrturm

Es ist bereits auf Seite 21 bemerkt, dass in der Mitte des 17. Jahrhunderts fast alle um die Kirchhofmauer des Doms nach Osten und nach Süden gelegenen, vorher an Bäcker, dann auch an Hutmacher und Häfner überlassenen Hütten vom Rat in Schirnen verwandelt worden seien. Die Hütten stießen bis zu dem Eingang des Pfarrturmhöfchens, wie hier zu sehen ist, und wie es sich noch als ein Stück des alten Frankfurt darstellt. Die Pforte bildet den Eingang nicht nur für den Türmer, sondern auch für alle Besucher des Pfarrturms, die von dessen Höhe einen Blick über die Stadt und ihre Umgebung gewinnen wollen. Bei dem Studentenkrawall von 1833 drangen die Aufständischen von hier aus in den Turm, um Sturm zu läuten. Die an dem Eingang befindlichen Buden (Schirnen) fallen schließlich bei Freilegung des Domes.

Große Rittergasse 53

In der Großen Rittergasse in Sachsenhausen liegt zwischen den Häusern Nr. 43 und 59 ein offener Platz, der in früheren Zeiten der Frankenhof oder die Frankenhofgasse genannt wurde und heute (um 1900) zur Rittergasse zählt. Die obere Maingasse nahm im 15. Jahrhundert den Namen Rittergasse an. Durch ein Haus führt der Eingang in eine andere Stumpfgasse, in die Hintergasse oder das (im Volksmund) sogenannte Lorsbacher Tälchen. Aller Wahrscheinlichkeit nach hat der Hof, ein solcher mochte er früher gewesen sein, den Herrn von Frankenstein gehört und wurde erst später erbaut. Unser Bild stellt einige der alten Baulichkeiten dar, wie sie heute (um 1900) noch in stiller Behaglichkeit bestehen. Nach Familiennachrichten soll in einem der Häuschen Jacob Dielmann, einer der vorzüglichsten neueren Genre- und Landschaftsmaler Frankfurts, geboren sein.

Tuchgaden, nach dem alten Markte gesehen

Auf Seite 45 ist das Haus „Zu den Drei Säulen" dargestellt, unter dem der Durchgang zu dem Krautmarkt führt. Das gegenwärtige Blatt stellt diesen Durchgang, den schon erwähnten Tuchgaden, und zwar von seiner Endseite, von dem Krautmarkt aus, dar. In den Gewölben dieser engen Straße hielten die Krämer und Gadenleute, auch die Tuchgader genannt, ihre Waren feil. Die Läden waren meist im Besitz von Patriziern (Wicker zum Wedel, Rohrbach und andere) und wurden nach und nach in Schirnen verwandelt. Alte Namen dieser Häuser waren „Zur Winterburg" (auch Wiedenburg), „Wobelin" (zum Weiblein), „Gadeneck", „Wolkenburg" etc. Das malerische, altertümliche Aussehen dieses Gässchens hat schon viele Künstler zur Abbildung veranlasst.

Hof des Hauses „Café Schierholz", alte Schlesingergasse

Das Eckhaus der großen Gallusstraße und der alten Schlesingergasse gehörte der adeligen Familie von Glauburg und führte den Namen „Weißes Ross". Schon im Jahre 1592 kommt ein Wirt „Zum Weißen Ross" vor und 1621 wird das Haus „Herberge zum Weißen Ross" genannt. Im 19. Jahrhundert ist es erst als „Café Rabenau", nachher als „Café Schierholz" bekannt. Im 14. Jahrhundert gab es außer der Mainzer Straße der Altstadt auch noch eine Mainzer Gasse (Mentzergasse) der Neustadt, die als Straßenzug von der Katharinenpforte, am Heumarkt vorbei, nach dem heutigen Gallustor führte, und von der ein Teil die heutige (um 1900) Gallusgasse war. Ende des 14. Jahrhunderts erlosch der Name Mentzergasse und der genannte Teil nahm den Namen Galgengasse bzw. Gallusgasse (von dem außerhalb der Stadt stehenden Galgen, dann, von dem in dieser Straße gestandenen, dem Abte St. Gallus geweihten Brunnen – er befand sich vor dem Haus Nr. 8 –, der das Bild des Heiligen trug) an. Das Bild zeigt das Höfchen des Café Schierholz mit der Hinteransicht des eigentlichen Gebäudes und dem Eingang von der Schlesingergasse aus.

Rebstock

Auf Seite 38 haben wir bereits über den „Hof zum Rebstock", der ursprünglich dem vornehmen Geschlecht der Weissen von Limpurg gehörte und später in den Besitz verschiedener unadeliger Personen überging, berichtet. Auch ist bereits gesagt, dass der Hof drei Ausgänge, nach der Kruggasse, Neugasse und nach dem Markt, hatte, die früher geschlossen waren, heute (um 1900) aber offen sind. Neben dem Ausgang nach der Neugasse befindet sich das lang gestreckte Haus Nr. 1, das wir hier sehen. Es ist das Haus, in dem seit langen Jahren das vormalige Kölsch'sche Geschäft, jetzt Kölsch Nachfolger, mit Mineralwasser, eingesalzenem Kraut und eingemachten Gurken betrieben wird (um 1900). Das interessante Gebäude zeigt zwei übereinanderlaufende Galerien in Holz und zwar in größerer Ausdehnung als bei irgendeinem anderen Haus in Frankfurt. Das Haus hat ehemals dem Vater der berühmten Sängerin F. Marchesi gehört. Dass Friedrich Stoltzes Geburtshaus sich nachbarlich im Rebstock befindet, ist bereits auf Seite 38 mitgeteilt. Das Haus mit dem Holzgeländer gehörte Herrn Graumann, von dem die Graumänner bei dem Frankfurter Bürgermilitär ihren Namen hatten.

Kleine Eschenheimer Gasse 8

Die kleine Eschenheimer Gasse lässt sich wohl auf einen gegen Anfang des 17. Jahrhunderts geschehenen Durchbruch von Höfen und Gärten zurückführen. Sie wurde am Anfang „Neue Eschenheimer Gasse“ *(vicus novus Eschenheimianus)* genannt, erst später wurde das Beiwort „klein“ statt „neu“ gebraucht. Über das Haus Nr. 8 (früher Hunger'sches Haus) ist nichts Geschichtliches nachzuweisen, das Bild zeigt das Hinterhaus mit Höfchen und Treppentürmchen, mit Schiefersteinen bekleidet.

Oppenheimer Straße 19

Die Straße kommt in alten Dokumenten unter dem Namen Hurthegasse (1350), Hurthengasse (1356), Hurthergasse (1390), Horthinggasse (1481), Harregasse (1475), Harrergasse (1493), Hirtengasse, Hortgasse und schließlich Haargasse vor. Das darin stehende Haus Nr. 19, dessen Bild wir bringen, das ehemalige Geißler'sche Haus, ist ein charakteristisches Beispiel der bescheidenen Bauart, wie sie bei den linksmainischen Mitbürgern in Verwendung war.

Altes Haus, vom Aichamt aus gesehen

Das freie Plätzchen, das heute (um 1900) am Ausgang der Schnurgasse und der Fahrgasse vorhanden, ist 1872 durch den Abbruch des Johanniterhofs entstanden, wo selbst 1874 die Johanniterstraße und 1875 die Aiche erbaut wurde. Das daranstoßende Kloster war von großem Umfang und erstreckte sich bis zum „Goldenen Löwen", dem heutigen (um 1900) „Württemberger Hof." Die Johanniter, die schwarze Kleidung und auf dieser ein goldenes Kreuz mit acht weißen Ecken trugen, nahmen die Kranken bei sich auf und verpflegten sie bis zu deren Wiedergenesung. Es gehörten früher sogar sieben Häuser der Borngasse dazu, die im Jahre 1717 gegen jährliche Grundzinsen abgegeben wurden. Auch das Johanniterkloster wurde unter die Freihöfe der Stadt gezählt. In dem Johanniterhof starb bekanntlich König Günther von Schwarzburg am 13. Juni 1349. Zur Osterzeit 1506 wohnte Kaiser Maximilian darin. Verschiedene Feuersbrünste suchten Hof und Kloster heim und zerstörten Teile davon, so in den Jahren 1344 und 1633. Das o. a. Blatt gibt ein Bild der noch (um 1900) stehenden alten Gebäulichkeiten, wie sie von dem Hofe aus sichtbar sind.

Die alte Peterskirche

Die ehemalige, 1895 niedergelegte St. Peterskirche stand auf dem jetzigen freien Plätzchen Ecke der Schäfergasse und Alten Gasse. Sie war ursprünglich (1393) als Bethaus erbaut. Im Jahre 1417 erhielten die hiesigen Patrizier Johann Ockstadt und Jacob Hombrecht vom Erzbischof Johann von Mainz die Erlaubnis, das Bethaus umzubauen. Im Jahre 1419 waren Kirche und Chor in der Hauptsache fertig, später wurden die Kapelle auf der Nordseite des Chors und (1446–56) die Kapelle an der Nordseite des Langhauses, eine Stiftung des Johann von Reiffenberg, erbaut. Im Jahre 1453 wurde die Kirche zu einer Filialkirche des Domes erhoben und 1514 erhielt sie eine Glocke. Im März 1531 aber wurde sie der katholischen Gottesverehrung verschlossen und den protestantischen Prädikanten übergeben; von da ab blieb sie bis zu ihrer Niederlegung im Besitze der evangelisch-lutherischen Gemeinde . In den Jahren 1769–1771 fanden wieder bauliche Veränderungen statt, namentlich auch im Innern. Im Jahre 1792 erhielt die Kirche ein neues Geläut, aus drei Glocken bestehend. Auf Befehl des Finanzministers des Großherzogtums Frankfurt wurde die Kirche 1813 zu einem Fouragemagazin verwendet, im nächsten Jahre aber wieder dem Gottesdienste übergeben. Pläne zum Erweiterungs- und Neubau wurden 1860 durch Stadtbaumeister Henrich und 1887 durch Bauinspektor Rügemer ausgearbeitet, aber nicht ausgeführt, dafür jedoch im Jahre 1889 die Niederlegung der alten Kirche und der Bau einer neuen Kirche auf dem Peterskirchhof beschlossen; zugleich wurden die dem Almosenkasten gehörenden, an die Kirche angebauten Lädchen und Verkaufsgewölbe zum Zwecke der Niederlegung angekauft. Die letzte gottesdienstliche Handlung fand am 26. April 1895 statt, worauf der Umzug in das inzwischen fertiggewordene neue Gotteshaus erfolgte. Der Abbruch wurde 1895/96 bewerkstelligt, wobei ein Teil der alten Baudenkmäler, Holzwerke, Grabsteine, farbige Scheiben, Gemälde, sowie die Spitze des Glockenturms in das historische Museum verbracht wurden; andere Gegenstände wie der Kronleuchter aus dem Kirchenschiff, die Grabsteine der Glauburg'schen Familie sowie eine gemalte Scheibe mit dem Glauburgischen Wappen wurden in die neue Kirche überführt.

Weckmarkt, Eingang in die Saalgasse

Auf Seite 21 ist die Ansicht der alten Schirnen an der Südseite des Domes wiedergegeben. Das gegenwärtige Blatt bildet gewissermaßen eine Fortsetzung von jenem: Schon im Jahre 1533 bemächtigte sich der zum Luthertum übergetretene Magistrat der Bartholomäuskirche, und sie blieb 15 Jahre lang in seinem Besitz. In der Zwischenzeit ließ er die Mauer um den ganzen Friedhof vom Fraßkeller (Krautmarkt) bis zur Michelskapelle (Pfarreisen) niederlegen, die Grabsteine wegführen und den Grund mit einer Menge Totengebeine zur Aufwerfung eines Walles im Fischerfeld verwenden. Im Jahre 1548 musste der Magistrat auf höchsten kaiserlichen Befehl die Kirche wieder zurückgeben. Als der Magistrat einen Teil des Kirchhofs bei der Mehlwaage und beim Leinwandhaus zur Verbreiterung der Straße verlangte, der Kurfürst von Mainz dagegen eine Entschädigung von 1000 Gulden verlangte und man sich nicht einigen konnte, ernannte Kaiser Ferdinand eine Kommission, die sich dahin einigte, dass dem Rat ein großer Teil des Friedhofs abgetreten wurde gegen den Verzicht auf 6000 Gulden, die er lange vorher dem Stift zum Bau des Pfarrturms geliehen hatte. Was übrig blieb, wurde mit einer neuen Mauer umschlossen, zu welcher der Scholaster Johann Eyering am 14. Mai 1572 den ersten Stein legte. Es muss hier erwähnt werden, dass der breitere Teil der Saalgasse (beim Hl. Geistbrunnen) im 15. Jahrhundert von dem Rat den Bäckern als Standort für ihre Ware angewiesen war, und dass dieser Teil „Auf dem Brotmarkt" oder „Auf dem Weckmarkt" genannt wurde. Nachdem nun die neue Mauer an dem genannten Friedhof errichtet worden war, wurden gegenüber dem Leinwandhaus von dem Rat Hütten für die Bäcker angebracht, die der Rat bald vermehrte; der Brotmarkt in der Saalgasse hörte hiermit auf und der freie Platz zwischen Leinwandhaus und der Kirchhofmauer erhielt den Namen Weckmarkt. (Gegen Mitte des 17. Jahrhunderts wurden diese Hütten in Scharnen oder Schirnen verwandelt). Rechts auf dem Bild erblickt man einen Teil des ehemaligen Leinwandhauses, jetzt zum städtischen Museum gehörig. Das daneben stehende Eckhaus mit der Doppelgiebelfassade ist der „Storch", 1704 schon Gasthaus. Das Haus gehörte dem Juden Jacob von Eppenstein, der es 1317 an Henne Kruder verkaufte. Das Haus soll dasjenige gewesen sein, aus welchem der Sage, nicht der Geschichte nach 1349 ein feuriger Pfeil in das gegenübergestandene Rathaus geschossen worden sei, wodurch der große Brand verursacht wurde, der auch die Kirche und viele andere Häuser ergriff (Lersner's Chronik I. 155). Das daneben befindliche vorstehende Haus des Bäckers Nanninger wurde der „Buchsbaum" genannt und kam 1466 aus jüdischem in christlichen Besitz, als damals der Jude Simon von Eppenstein das Haus an Johann Vollprecht und dessen Frau Gredachin verkaufte. Gegenüber steht das Eckhaus „Frienstein", in welchem sich jahrzehntelang die Firma Pelissier & Hager befand.

Mehlwaage mit Garküche

Durch die Einengung des alten Pfarrkirchhofs (1537) und die Einziehung eines Teils der ersten Judengasse am Dome wurde ein ansehnlicher Platz geschaffen und mit dessen Pflasterung im Jahre 1573 der Anfang gemacht. Der Platz erhielt, indem auf ihm Garküchen errichtet worden waren, in der Folge den Namen Garküchenplatz. An der Stelle, wohin diese Garküchen erbaut wurden, stand ehemals ein Beinhaus (Urkunden von 1486 und 1491), und vor diesem das ewige Licht, ein von Steinen zusammengesetztes Lampenhäuschen; es wurde 1543, am 6. Juli, abgebrochen. Es waren ursprünglich vier Garküchen, sie gehörten der Kämmerei, die sie im Jahre 1732 öffentlich an den Meistbietenden verkaufen ließ, mit dem Zugeständnis, sie bis auf zwei zu vereinigen. Die Zeit machte aus ihnen Läden und Wohnungen. Das Gebäude rechts ist eine Seitenansicht der Mehlwaage, deren Beschreibung sich auf Seite 10 befindet. Sie stammt vom Jahre 1715, eine vorher dagestandene war 1438 erbaut.

Kleine Fischergasse

Die kleine Fischergasse führt von dem sogenannten Kienrußplätzchen nach dem Mainufer; in ihr befindet sich zwischen den Häusern Nr. 20 und Nr. 4 ein schmales Gässchen, das ursprünglich den Namen Kirschgarten, später „Unter den Löhern" (d. i. Loh- oder Rotgerbern) oder Löhrgasse führte. Heute (um 1900) zählt es zur kleinen Fischergasse und hat, während es früher ein Stumpfgässchen war, jetzt (um 1900) einen ganz engen Ausgang nach dem Main zu, bei Nr. 5 des Brückenkais. Es ist noch ein echtes Stück Alt-Frankfurt. Das Haus, das im Hintergrund quer steht (Nr. 10), hatte ursprünglich den Namen „Rothe Böhmische Kappe".

Der alte Judenfriedhof

Es ist ein stiller vereinsamter Platz im Osten des alten Frankfurt: „*Zwischen dichtem Gestrüppe und niedrigem Gebüsch ragen aus dem unebenen Boden Tausende von senkrecht in das Erdreich eingelassenen breiten massiven Tafeln von rotem Sandstein hervor. Die meisten sind tief in den Boden eingesunken, verwittert, fahlgrün, mit Moos bedeckt; alle tragen auf der einen breiten Vorderseite Inschriften, durchweg in hebräischer Quadratschrift,*" beschreibt Direktor Dr. B. Baerwald die Stätte, deren Grabinschriften, mehr als siebentausend an der Zahl, jetzt in pietätvollem Sinne abgeschrieben und in einem Archiv gesammelt sind. Die älteste Inschrift datiert vom Monat Ab 5032 der jüdischen Zeitrechnung, d. i. Juli 1272. Der alte Friedhof lag zu jener Zeit außerhalb der damaligen Stadtmauer, von Mauern umgeben und von Bleichgärten umgrenzt. Der Zugang war von der Riedgasse, der jetzigen Allerheiligenstraße, durch die enge Gasse, die nachmals den Namen „Hinter der Judenmauer" bekam. Im Jahre 1424 gestattete der Frankfurter Rat bestimmten jüdischen Nachbargemeinden gegen eine gewisse Summe auf begrenzte Zeit, ihre Toten dort zu beerdigen; dagegen wurde 1505 von dem Rat bestimmt, dass kein fremder Jude, der außerhalb der Stadt gestorben sei, auf dem hiesigen jüdischen Friedhof begraben werden sollte. In dem Fettmilch'schen Aufstand (1614) flüchteten viele Juden, Männer, Frauen und Kinder, mit Hab und Gut auf den Friedhof, wo sie in ihren Sterbekleidern den Untergang erwarteten, aber glücklicherweise erlöst wurden; auch bei dem Brand der Judengasse vom 14. Januar 1411 bargen viele der Bewohner sich und ihre Habe auf dem Friedhof. Die letzte Beerdigung fand am 6. September 1828 statt. Die sechs Häuschen auf und an der südlichen Mauer des jüdischen Begräbnisplatzes sind (um 1900) meist von Beamten der israelitischen Gemeinde bewohnt.

Seckbächer Gasse 11

Die Seckbächer Gasse, von der Weißfrauenstraße nach der alten Mainzer Straße führend, hieß in früheren Zeiten nacheinander Hoster Gasse, Grester Gasse, (Höchster Gasse), Albansgasse, Einungsgasse. Etwa in der Mitte der Gasse befindet sich das in neuerer Zeit (19. Jahrhundert) etwas farbig restaurierte, aus zwei Teilen bestehende Haus „Zum Seckbach". Im Jahre 1484 wird das Haus als „Husunge und Wynkammer und Gertechin genannt Seckbach" (Weinkammer und Gärtchen) angeführt. Weinkammern waren Gelasse, worin früher die fremden Kaufleute ihren Wein lagerten. 1537 war das Haus abgebrannt, ob ganz oder teilweise ist nicht bekannt. Der Toreingang (Portal) zu dem einen Teil des Hauses zeigt oben zwei sitzende weibliche Figuren, davon eine, links, ein Kreuz und einen Kelch mit Hostie haltend, die andere, rechts, ein Schwert in den Händen und mit dem Arme auf einem Helme abgestützt. In der Mitte befindet sich ein Doppel- oder Allianzwappen, auf dem einen Schilde einen Phönix, darüber zwei Köpfe mit Sonnenstrahlen, auf dem anderen einen Hahn bergend. Der andere Teil weist eine Inschrift auf, aus der hervorzugehen scheint, dass das Haus im Jahre 1484 mit einer Frau Maria Barbara in Beziehung stand. Das vorliegende Blatt gibt einen interessanten Teil des Inneren wieder, wie es noch vor Kurzem gewesen.

Die Schmiedtstube oder Schmidstube

Die Schmiedtstube oder Schmidstube, früher Haus „Zur alten Münze", ist bereits auf Seite 36 erwähnt. Im 16. Jahrhundert ist es als der Schmiede Zunftstube erwähnt. Nach Aufhören der Zunftstuben um das Jahr 1616 ging das Haus in andere Hände über. Die Schmiedstube ist vor 1503 erbaut. Das Bild zeigt den Hof mit dem Stiegenhaus und dessen portalartigem Eingang, hinter dem die Treppe in Schneckenwindung aufwärts führt. Das Portal hat eine Wappenkrönung und über der Tür sind die Worte: *Verbum domini manet in Aeternum 1634* eingehauen. Die Wetterfahne über dem Turm trägt die Jahreszahl 1513.

Wildemannsgasse

Zwischen der Vogelgesanggasse und dem Geisgässchen befindet sich ein schmales Gässchen, das den Namen Wildemannsgässchen führt, aber nur von der Schnurgasse aus gesehen werden kann, da vom Trierischen Platz (Aennchen-Gasse) aus der Zugang dazu durch einen Hauseingang leitet. Das Gässchen trug ehemals den Namen Rabengasse, wurde aber später, weil der 1341 in Frankfurt aufgenommene Orden der Begharden oder Lollhardsbrüder sich dort seine Heimstätte nebst kleiner Kirche mit Türmchen schuf, Beghardengasse, auch Beckarten und Beckartsgasse genannt. Die Begharden waren Ordensleute, die in ihrem Hofe ein gemeinschaftliches Leben führten; nur einer von ihnen war Priester, die Übrigen waren Laien. Zu ihren Amtsverrichtungen gehörte, dass sie der Kranken warteten, die zum Tode Verurteilten begleiteten, die Körper der Enthaupteten in die Leichensärge legten, sie zum „Heiligen Geist" trugen und daselbst beerdigten. Durch die Reformation wurde ihrem Dasein hier ein Ende gemacht und 1529 war ein Teil ihres Hofes einem früheren Mönche, dem Quardian des hiesigen Barfüßer-Klosters, verkauft, der nachmals Wirtschaft darin trieb und das Haus „zum Wilden Mann" nannte. Daher erhielt das Gässchen den Namen Wildemannsgasse. Eine Wirtschaft darin bestand Ende des 19. Jahrhunderts.

Altes Pfarrhaus in der Schäfergasse

Auf Seite 14 findet sich bereits eine Abbildung des alten Pfarrhauses nebst Beschreibung. Es war, wie bereits gesagt, früher die Wohnstätte der Pfarrer zu St. Peter, ehe sie 1566 nach der Friedberger Gasse unweit des einstigen Biberbrunnens verlegt wurde. Als im Jahre 1831 eine Anzahl Bürger zur Errichtung von Kleinkinderschulen zusammengetreten war und ein Gesuch an den Senat um Überweisung geeigneter Räumlichkeiten gerichtet hatte, wurde von der Behörde 1833 das Gebäude neben der Peterskirche für genannten Zweck überlassen und zugleich ein jährlicher städtischer Beitrag bewilligt.

Zu den Zwei Bären, Töngesgasse 40

Das Haus entstand wohl aus ursprünglich zwei Häusern, wovon das ersterbaute den Namen „Der Alte Bär", ein später erbautes den Namen „Zum Jungen Bären" führte. Durch Neubau wurden beide Häuser vereinigt und diesem Bau der Name „Zu den Zwei Bären" zuerteilt. Dieses letztere Haus wurde 1896 niedergelegt; in unserem Bild sehen wir von dem im Abbruch begriffenen Gebäude noch das schöne Portal mit den beiden Gesimsträgern und den beiden Bären als Portalaufsetzer. Die bildhauerischen Teile wurden dem städtischen Museum überwiesen. Das Haus war in diesem Jahrhundert (1840) Eigentum des Herrn Ferdinand Andreae Hebenstreit, Mitglied der ständigen Bürger-Repräsentation.

Jägergässchen

Das Jägergässchen in Sachsenhausen läuft in winkeliger südlicher Richtung von der Färberstraße nach der Schulstraße. Vom Eingang aus der Färberstraße links im Gässchen befindet sich das Haus Nr. 1, der Familie Freyeisen zugehörig. Die Baulichkeiten bilden ein interessantes altväterliches Hausgefüge mit Schieferbekleidung.

Knappengässchen in Sachsenhausen

Im östlichen Teil Sachsenhausens zieht sich vom Frankensteiner Hof bis zum Wasserweg die Große Rittergasse hin. Dieselbe teilte sich früher in verschiedene Abschnitte. Vom Frankensteiner Hof führte sie den Namen „Große Rittergasse", der östliche Teil dagegen hieß „Im Tiergarten" und endigte bei dem ehemaligen Holzmagazin. Die alten Häuser des Tiergartens wurden vor wenigen Jahren niedergelegt und eine gerade Straße als Fortsetzung der Rittergasse von der heutigen Dreieichstraße ab ausgeführt. Einige wenige Häuschen (Nr. 15–21) blieben erhalten und das Stumpfgässchen erhielt dabei den Namen „Knappengässchen", welches hier wiedergegeben ist. Die alte sichtbare Mauer ist noch ein Teil der alten Befestigung Sachsenhausens. Sie stammt noch aus dem Jahre 1390.

Saalhof-Kapelle

Während heute (um 1900) von dem königlichen Meierhof (villa regia), dem Palaste (Palatium) Karls des Großen oder von dem späteren Palaste (aula regia) Ludwigs des Frommen in Frankfurt kaum Spuren mehr übrig sind, haben wir in der sogenannten Saalhof-Kapelle eines der ältesten Denkmäler, zum Teil wenigstens aus karolingischer Zeit. Der untere Teil dürfte gegen Ende des 9. Jahrhunderts, der obere Teil etwa zu Anfang des 13. Jahrhunderts (1208?) erbaut worden sein. Krieg von Hochfelden bemerkt: „*Wenn man die Saalhof-Kapelle von außen betrachtet, so zeigt die unregelmäßige Zusammenstellung des oberen Bogenfrieses, dass derselbe einem älteren Bau entnommen ist, welcher nach der zierlichen Profilierung zu schließen, dem völlig ausgebildeten romanischen Baustile angehört hat. Ein weiterer Blick belehrt uns, dass die im Oberbau angebrachte Fensterstellung mit gekuppelter, auf einer zierlichen Mittel sule ruhenden Bogen aus der Spätzeit jenes Baustils (dem Anfang des 13. Jahrhunderts) herüber und in das Mauerwerk ganz eingesetzt wurde.*“ Unter der Kapelle befindet sich ein Gewölbe, in welches von oben eine Öffnung führt. So berichtet wenigstens Hüsgen 1790: „*In diesem Gewölbe hat man vor geraumer Zeit unter einem Mauer-Schrank in der 10 Schuh dicken Mauer ein gewölbtes Grab mit den Gebeinen eines jungen Menschen entdeckt, woraus vermutet wird, dass es eine Begräbnisgruft gewesen seye.*“ Die Kapelle zeigt einen nach Norden sich etwas verengenden viereckigen Raum mit Chornische. An der westlichen und östlichen Seite dieses Raumes sind je drei in rotem Sandstein gearbeitete frei stehende Säulen angebracht, die zwei Bogen in gekuppelter Form tragen, vor der Chornische befinden sich zwei weitere Säulen, auf denen der Bogen von der Nische ruht. Die Kapitelle der Säulen sind von nicht beachtenswerter Arbeit. Die Decke bildet ein Kreuzgewölbe, dessen viereckige Grate von dem Widerlager nach dem Mittelteile in der Breite zunehmen. Über der Kapelle ist ein zweiter, später erbauter Stock, dessen Gurtgesims nach der Mainseite unregelmäßig zusammengesetzt ist. Dieses Stockwerk zeigt nach der genannten Seite zwei gekuppelte Fenster und ein kleines Bogenfenster mit tiefer sich nach außen erweiternder Leibung. Die Kapelle ist jetzt (um 1900) vermietet und als Schreibzimmer eingerichtet.

Erker „Zum Luther“

Ecke der Kannengießergasse und des Domplatzes. Aus dem Torbogen des Pforthauses des Haynerhofes gewahrt der Blick einen in kräftigem Aufbau vom Boden aufwachsenden Erker, der dem Haus „Zum Luther“ angehört. Das Haus hieß früher „Zum Kleinen Appenheimer“ und hat die Eigentümlichkeit, dass es unter der Erde drei Gewölbe übereinander besitzt. Ursprünglich bestand es aus zwei Häusern. Auf der Seite nach dem Pfarreisen (Domplatz) ist seitwärts von dem hervorspringenden Erker, wo das erste Stockwerk anfängt, ein Stein in die Fassade eingelassen, der das Bildnis Luthers zeigt. Die früher gang und gäbe gewesene Sage, dass Luther von hier aus zum Volke gesprochen habe, ist unhaltbar. Es ist nach Battonn ein spöttisches Denkmal gegen die Stiftsgeistlichen, welchen 1533 ihre Kirche genommen wurde, die sie wiederzuerhalten sich alle Mühe gaben (was ihnen auch 1548 gelang). Auf dem Steinwerk hält Luther mit der Linken ein kleines Buch, in der Rechten ein sich über sein Haupt zur linken Schulter hinziehendes Spruchband mit der Inschrift: „In silentio et spe erit fortitudo vestra Essajae 30.“ Unter der Brust steht auf einem Band die Aufschrift „D. M. Luther“. Außer dem Teil des Hauses mit dem Erker sieht man auf dem Bild, wie leicht erkenntlich, ein Stück des Domes mit Umfassungsmauer und einen Teil des Archivgebäudes.

Höfchen und Brunnen im Goethehaus

Wie anderwärts war auch in Frankfurt zur Mitte des 16. Jahrhunderts die alte Stadt von den entstandenen neuen Stadtteilen durch Mauern und Gräben getrennt. Eine solche Scheidung bildete auch der Hirschgraben. Auf diesem Graben wurden von dem Rat seinerzeit Hirsche gehegt, diese aber im Jahre 1552 abgeschafft und Obstbäume angepflanzt, deren Kreszenz verpachtet wurde; ebenso wurde das Gras alljährlich versteigert. Im Jahre 1582 wurden die Mauern und alten Gräben des Hirschgrabens geschleift, die große Weede ausgefüllt, das Terrain in Bauplätze abgeteilt und der Bau von Häusern begonnen. Am 19. März 1584 wurde das erste Haus aufgerichtet. Es entstanden so, unter Beibehaltung des Namens, der große und kleine Hirschgraben. Die nach und nach errichteten Häuser der östlichen Seite kamen auf den Boden der abgebrochenen Stadtmauer zu stehen und gehörten eigentlich zur alten Stadt, die westlichen Häuser zur neuen Stadt. Zu diesem letzteren Teil gehört das Haus Nr. 23, das Geburtshaus Goethes. Vom Hausflur dieses Hauses ging man über zwei Stufen abwärts in ein Höfchen. An der Südseite war dasselbe zu Goethes Kinderzeit noch von niedrigen Bauten umschlossen, die erst in unserm Jahrhundert einer hohen Brandmauer Platz machten. Gegen Westen trennte eine mäßig hohe Mauer das Höfchen von dem Nachbargarten. Daran zeigt sich als ein nischenartig ausgehauener Stein eine Pumpe, deren Wasser der Mund eines Medusenhauptes abgibt. Dieser denkwürdige Brunnen ist es, wie Bettina in „Goethe's Briefwechsel mit einem Kinde" erzählt: wo die Frau Rat *„den Prinzessinnen (von Mecklenburg) den Genuss verschaffte, sich im Hof am Brunnen recht satt Wasser zu pumpen, und die Hofmeisterin durch alle mögliche Argumente abhielt, die Prinzessinnen abzurufen, und endlich, da diese nicht darauf Rücksicht nimmt, Gewalt braucht und sie im Zimmer einschließt. Dann sagte die Mutter, ich hätte mir eher den ärgsten Verdruss über den Hals kommen lassen, als dass man sie in dem unschuldigen Vergnügen gestört hätte, das ihnen nirgens wo gegönnt war als in meinem Haus; auch haben sie mir's beim Abschied gesagt, dass sie nie vergessen würden, wie glücklich und vergnügt sie bei mir waren."* Die Prinzessinnen waren bei der letzten deutschen Kaiserkrönung (Franz II. am 5. Juli 1792) hier anwesend. Dieser Brunnen war es auch, auf welchen sich die Widmung Goethes an seinen Landsmann und Jugendgenossen Friedrich Maximilian Klinger bezieht:

An diesem Brunnen hast auch du gespielt,
im engen Raum die Weite vorgefühlt etc.

Die alte Konstablerwache

Im 15. Jahrhundert stand an der Stelle, die heute (um 1900) ein großer Neubau an der Ecke von Zeil und Fahrgasse einnimmt, eine Elenden-Herberge oder Marta-Spital. Ein Jahrhundert später wurde dies in ein Zeughaus umgebaut. Es waren dies zwei geräumige, nebeneinander laufende, mit abgeteiltem Dachwerk versehene Gebäude, zu denen im Laufe der Zeit noch mehrere Anbauten kamen. An dieses Zeughaus wurde wahrscheinlich in der zweiten Hälfte des 17. Jahrhunderts nach Nordosten für die städtische Artillerie eine Wache aufgebaut und im Jahre 1753, da sie sich als baufällig erwiesen hatte, ein neues Gebäude dafür nach dem Plane des Stadtbaumeisters Lorenz Friedrich Müller errichtet, das an den beiden Frontispizen kriegerische Bildhauerarbeiten von Johann Daniel Schnorr zeigte. Der untere Raum mit seiner Bogenfassade diente als Wache, während der übrige Teil zu Gefängnissen benutzt wurde. Während 1778 das hinter der Wache liegende Zeughaus einen Dachreiter mit Uhr (diese war früher auf der abgebrochenen Bornheimer Pforte) erhielt, dachte etliche 20 Jahre später der Rat an die Entfernung des Wachgebäudes, die aber erst 1822 verwirklicht wurde, indem die drei Fuß in die Straße vorspringende, 70 Fuß lange Wache samt dem davorstehenden Brunnen niedergelegt und die Wachstube für Militär und Polizei sowie die Gefängnisse in das Zeughaus übersiedelt wurden. Von diesem niedergelegten Gebäude gibt dieses Bild eine getreue Darstellung. Das Zeughaus selbst wurde im Jahre 1886 mit der dahin verlegten Konstabler Wache von einer Baugesellschaft abgebrochen und dort der jetzige (um 1900) große Neubau mit seinen Warenmagazinen errichtet.

Rückseite des Hauses 20 in der Meisengasse

Auf dem ältesten Stadtplane vom Jahre 1552 ist an der Stelle, wo sich die jetzige (um 1900) Meisengasse befindet noch eine Reihe von Gärten ersichtlich. Die Meisengasse hieß ursprünglich die Rebstockergasse, nahm wie noch heute (um 1900) ihren Anfang bei der Kalbächer Gasse und ging bis zum Zwinger. Ihr Ausbau in der Nähe dieses Zwingers begann erst in den Vierzigerjahren des 19. Jahrhunderts. Dort gab es ein eigenartiges Vergnügungslokal bzw. einen Weingarten, der den Namen „Tunnel" führte und reich an Rebenlauben war. Ihm gegenüber auf der rechten Seite befanden sich große Bleichgärten. In dieser Abbildung geben wir ein Bild der Rückseite der schlichten Häuser dieser Gasse; von hier aus fällt der Blick auf die Rückseite der Elisabethenschule, die an der Stelle steht, welche früher ein Teil des Kastenhospitals einnahm.

Haus Papageigasse I und alte Mainzer Gasse 66

In der alten Mainzer Gasse, gleich neben der Papageigasse, öffnet sich ein Stumpfgässchen, das früher als Erbacher Gässchen bezeichnet wurde und nur wenige Häuser aufzuweisen hat, dem aber ein gewisses behagliches Interesse nicht abzusprechen ist. Es ist geschlossen durch ein Haus, das über dem Torbogen die Nummer 66 zeigt. Dieses Haus gehörte ehemals zum „Papagei", dem Hofe Rulmanns von Limpurg und stieß an den „kleinen Rahmhof", von dem Battonn vermutet, dass hier früher das rohe Guteleutehus oder Krätzspital gestanden habe.

Das Köpplerhöfchen

Das Köpplerhöfchen bildet einen der interessantesten Bautenkomplexe der Altstadt. Vom sogenannten Pfarreisen (Domplatz) führt ein überbauter Toreingang nach dem Inneren und lässt dann ein malerisches Architekturbild gewahren. Bereits in der ersten Hälfte des 14. Jahrhunderts wird eines Hofes hinter der Pfarrei St. Bartholomei gedacht, dessen Besitzer Meister Johann, der Arzt gewesen, und der damals in großem Rufe gestanden haben muss. Der Hof führte in der Mitte des 14. Jahrhunderts den Namen „Hof im Tiefen Wege“ und hieß im Volksmund, vermutlich weil sich dort auf dem ungepflasterten tieferen Grunde das von dem Brunnen ablaufende Wasser ansammelte und Pfützen bildete, „Hof zum Tiefen Dreck.“ Nach einer Urkunde vom Jahre 1334 wohnte in einem Haus des Hofes (Nr. 8) ein Ritter Cunrad Schnurre von Reifenberg und kommt dieses Haus selbst unter dem Namen „Schnurre“ und in einem späteren Kaufbrief unter dem Namen „Schirm“ vor: *„Zum Schirm bin ich genannt, Mich schirmet Gottes Hand.“* Nach dem Tode des Arztes Meister Johann ging der Hof an mehrere Besitzer über und wurde nach einem seiner Anwohner, der Dyl oder Thiele Keppeler hieß und 1344 das Oberstrichteramt bekleidete, mit dem Namen Keppeler Hof bezeichnet. Dieser Thiele Keppeler wohnte in dem Haus Nr. 5, worin jetzt (um 1900) eine Holzhandlung ist. Es wurde, als es baufällig ward, von einem hiesigen Bürger Johannes Pfleger umgebaut und kam in den Besitz des Cronstett'schen Stifts.

Der Römer – Eingang vom Paulsplatz

Lersner sagt in seiner Frankfurter Chronik (1264): „*Anstelle des Römerteils nach dem Paulsplatz zu, hat früher der Goldene Schwan gestanden*“. Der Goldene Schwan wird 1322 zuerst als Goldener Frosch, 1380 als Goldener Schwan erwähnt. Im Jahre 1405 wurde er von dem Rat samt dem Römer käuflich erworben und umgebaut; aus dieser Zeit stammen die Halle und die Wachstube. In den Jahren 1561–63 erhielt der Goldene Schwan einen neuen Dachstuhl und eine Steinfassade (statt der bisherigen Fachwerkfassade) nach dem Römerhöfchen zu und auch die Wachtstube wurde mit größeren Fenstern versehen. Die heutige (um 1900) Fassade nach dem Paulsplatz, ebenso die Kuppel, erhielt der Goldene Schwan im Jahre 1731. Sie wurde von Jacob Samhammer aus Hanau, der in den Jahren 1727 bis 1745 hiesiger Stadtbaumeister war und auch die Hauptwache erbaute, in massiven Steinen errichtet. In die Halle führen zwei rundbogige Tore, über denen ovale Fenster angebracht sind. Neben dem linken Tor befindet sich eine Tür als Einlass zur Bürgermeistertreppe, neben dem rechten Tor ein in rotem Sandstein gearbeitetes Schilderhaus. Zwischen beiden Toren ist der von Schwarzburger ausgeführte Wappenstein mit dem Frankfurter Adler angebracht. Das erste Obergeschoss enthält das Bürgermeisteramt, das zweite verschiedene Büros. Im Erdgeschoss liegt die im Winkel fortgesetzte zweischiffige Römerhalle, mit rippenlosen Kreuzgewölben überdeckt; sie hat vier frei stehende Säulen mit runder Basis und achteckigem Sockel, die Gurtbogen, welche die Decke in Dreiecke zerlegen, wachsen aus den runden Schäften der Pfeiler heraus. Die Wandpfeiler haben den Sockel der frei stehenden Säulen, einen zylindrischen Schaft und ein Kapitel. Das Haus „Goldner Schwan“ ist auf der einen Seite von dem zum Haus „Frauenrode“ gehörigen Archivturm, auf der anderen Seite vom Haus „Wanebach“ flankiert.

Holzschnitzerei am Haus zum Großen Engel

Das Haus zum Großen Engel bildet die Ecke des Römerbergs (Samstagsberg) und des Alten Marktes. Die ursprüngliche Benennung ging aber später ganz verloren und wurde allgemein „die Wechsel" genannt, als es eines der drei privilegierten Wechselhäuser war, die zur Mitte des 15. Jahrhunderts in der Stadt erlaubt waren. Als Haus zum Engel kommt es schon im 14. Jahrhundert vor; sein Nebenhaus nach dem Markte zu hieß „der Kleine Engel". Das Haus zum Großen Engel hat einen hervorstehenden breiten Erker, dessen Tragbalken mit reichen Holzschnitzereien von ungemein zierlicher Arbeit und gutem Geschmacke überdeckt sind, wie die Abbildung deutlich zeigt. Auch an anderen Teilen des Hauses waren vielfach Schnitzereien angebracht, die aber teilweise verdeckt wurden. Am ersten Stock befindet sich ein Spruchband, das unverkennbar um das ganze Haus ging und dessen Schrift noch teilweise vorhanden ist; sie ist den Sprüchen Salomons entnommen (VI Kap. 16 u. ff.), in italienischer Sprache und lautet in Deutsch: *„Sechs Dinge sind es, die Jehova hasset und das siebente verabscheut er: - Hohe Augen, lügenhafte Zunge, Hände, die unschuldiges Blut vergießen." Soweit ist die Schrift noch vorhanden, das Fehlende muss ergänzend heißen: „Ein Herz, das auf böse Tücke sinnet, Füße, die behende zum Bösen eilen, einen falschen Zeugen, der Lügen vorbringt, und den, der Hader unter seinen Brüdern stiftet"*. Deumer & Wirth betrieb hier schon seit 1829 eine Samenhandlung. 1907 ging das Haus an die Stadt über.

Klappergasse 39

In einem Schöffenprotokoll des Jahres 1389 kommt bereits der Name Klappergasse vor. Der Name gehörte früher der Kleinen Rittergasse an, wurde derselben aber entzogen und der heute (um 1900) sogenannten Straße zuerteilt. Im Jahre 1552 bestand dieselbe nur aus wenigen Häusern. Das Haus Nr. 39, das die Abbildung bringt, ist bereits auf Seite 19 zur Anschauung, soweit es sein Inneres betrifft, gebracht worden. Das vorliegende Blatt gibt ein Bild von anderer Seite aufgenommen wieder und ergänzt die anderen in der Charakterisierung einer Sachsenhäuser Gärtnerbehausung mit allen den dazugehörenden Kleinigkeiten und zum Feldbau benötigten Gerätschaften.

Ecke der Neuen Zeil und Großen Friedberger Straße

Die Friedberger Gasse ging ursprünglich von der Zeil bis zur alten Friedberger Pforte, nach Eröffnung des neuen Friedberger Tors (oder Vilbeler Tors) wurde deren nördlicher Teil die Alte Friedberger Gasse oder kurzweg Alte Gasse genannt. Der Teil, der noch heute (um 1900) Große Friedberger Straße heißt, hat seit den 1840er-Jahren ihr Aussehen in gar manchem stark verändert. Eine große Reihe von Gasthäusern mit weitem Gehöft, wie „Gelber Hirsch", „Stadt Karlsruhe", Reichsapfel", „Stadt Kassel", „Tiergarten", „Zwei Schweitzer", „Reichskrone", Kutschierhof, „Der Fröhliche Mann", waren zum großen Teil für das Fuhrmannswesen eingerichtet und schwer bepackte Güterwagen fuhren hier aus und ein, Reisewagen, sogenannte „Hauderer" und „Returkutschen" gingen ab und zu, die Posthalterei sandte ihre Wagen unter dem melodischen Blasen der Postillone ab und verschiedene Schmieden sorgten unter den in die Straße vorgebauten Schuppen für die Schärfung der Hufeisen der Pferde. Das hier gebotene Bild zeigt einen Teil dieser Straße, mit Ausnahme der niedergelegten Schmieden, in fast noch altem Zustand, der aber vielleicht nicht lange mehr anhalten dürfte, wie man bereits aus dem Anfang der Niederlegung eines der Häuser ersieht. Das rechts befindliche Haus „Zum Deutschen Schütz" bildete früher das Eck der Stelzengasse, die aber seit Jahren verschwunden und zur Zeilverlängerung umgeformt worden ist. Im 15. Jahrhundert hieß das Haus: „Zum Großen Kastenmeister" und wurde im Zinsbuch als *curia* (Hof) bezeichnet, war also damals von weit größerem Umfang.

Das Schauspielhaus

An der Stelle, wo das alte Schauspielhaus, „das Weiße Haus", das seinerzeit von dem Rat erkauft wurde, um dort ein neues Gebäude für die städtische Bibliothek zu errichten, einst stand, ist heute (um 1900) das öffentliche Schauspielhaus errichtet. Doch lange Jahre blieb es unbenutzt stehen und war dem Verfall hingegeben. Im Jahre 1778 beschloss der Rat, ein öffentliches Schauspielhaus erbauen zu lassen und wählte hierzu den Platz des Weißen Hauses. Der Abbruch dieses Gebäudes erfolgte noch in demselben Jahre und der Bau des Schauspielhauses begann 1780 und ward im Jahre 1782 vollendet. Der Bau erfolgte nach den Plänen des Stadtbaumeisters Liebhardt. Am 2. September 1782 wurde das Haus mit dem Schauspiel „Hanno Fürst im Norden" von J. Chr. Bock eröffnet. Mehrfache Umbauten waren im Laufe der Jahre notwendig und gereichten dem Bau nicht nur zur inneren Verschönerung, sondern auch zur Bequemlichkeit für die Besuchenden und die wirkenden Kräfte. Das Haus war seit der Zeit seines Bestehens mehrmals von ernstlicher Feuersgefahr bedroht, zum ersten Male bereits am 17. April 1785 und dann am 18. Juli 1878. Glücklicherweise konnte der Bau jedesmal vor größerem Schaden oder gar gänzlicher Vernichtung gerettet werden.

Hof zum Prinzen Carl

Das Haus zum Prinzen Carl in der Alten Mainzer Gasse Nr. 32 hieß ehemals, bereits 1398, Groß Rüstenberg (früher, 1350, wird es mit dem Namen „Zum Blicke" erwähnt). An dieses Haus knüpfen sich mehrere historische Erinnerungen. Nachdem Kaiser Maximilian 1495 auf dem Reichstag zu Worms das kaiserliche Kammergericht eingesetzt hatte, kam er nach Frankfurt, worüber Lersner in seiner Chronik (I. 128) erzählt: „*1495 hat Kayser Maximilianus Inhalt der Cammer-Gerichts-Ordnung in der Handlung des Land-Friedens zu Worms de dicto anno 1495 tit. Alle Register- und Reichs-Lehen-Bücher verordnet und beschlossen, also dass das erste kayserliche Cammer-Gericht allhier Dominica post nativitatis Mariae im Weissfrauen-Bruder-Closter, hernach im Rüstenberg, und dann den letzten Octob. im großen Braunenfels gehalten worden, selbst der Kayser sasse in Persohn zu Gericht etc.*" Vom Jahre 1498 erzählt derselbe Chronist (I. 296): „*Nachdeme der Landgraff Wilhelm von Hessen, mit Elisabetha Pfalzgräffin und Chur-Fürsten Tochter, hatte Beylager gehalten, gabe der Landgraff einen Tantz im Rüstenberg, darbey turnirte Ambrosius von Glauburg mit einem Hertzogen von Braunschweig, und merkten einige MS. dass der Ambrosius den Hertzogen gefält habe, da er solches gesehen, seye er zu Ehren des Hertzogs mit gefallen.*" Lersner bemerkt noch hierzu, dass man an dem Haus zum Rüstenberg noch abgemalt gefunden „*in völligen Rüstungen einen Völcker und einen welcher viele Reusen im Wappen geführet.*" Das Gemälde mit Figuren in Lebensgröße hat auch Batten noch gesehen, es verschwand, als das Haus die Gastgerechtigkeit und mit einem neuen Anstrich den Namen „Prinz Carl" erhielt. Im Jahre 1800 hörte es auf, Gasthof zu sein und befand sich um 1850 im Besitze des Bierbrauers Joh. Heinrich Christ, heute (um 1900) ist Magdalena Christ Wwe. die Eigentümerin desselben. Bemerkenswert in dem interessanten Hofraum ist auch der gewundene Säulenschaft mit dem zweiseitigen Tragarm.

Haus zum Großen Engel

Über dieses auf dem Römerberg, Ecke des Alten Marktes gelegene alte interessante Haus mit seinen Vorbauten in den Stockwerken und seinem vom Unterstock bis zum obersten Geschoss aufsteigenden, mit turmartiger Zuspitzung versehenen Erker und seiner Schieferbekleidung ist bereits auf Seite 70 das Nötige gesagt und dabei auf die Holzarchitektur hingewiesen.

Hexenplätzchen

Zwischen den Häusern Nr. 86 und Nr. 74 in der alten Mainzer Gasse befindet sich ein Plätzchen, das auf der einen Seite in ein Stumpfgässchen endigt. Es führt im Volksmund den Namen Hexenplätzchen, ohne dass bekannt ist, woher derselbe entstand. Dicht an einem der Häuser der linken Seite steht ein Brunnen, der eine quadratische Säule bildet und auf breit ausspringender Deckplatte eine weibliche Figur trägt. Am Gesims steht vorn die Inschrift „Zum Maechtleinbrunnen 1798“; auf den beiden Seiten sind die Namen der beiden Brunnenmeister angebracht.

Höfchen im Römer

Das Haus Limpurg (oder Laderam, wie es auch genannt ward), ist erst im Jahre 1878 um den Preis von 214 285 Mark an die Stadt gekommen und bildete den letzten Zuwachs zu dem Komplex, den der Römer umfasst. Das Haus Alt-Limpurg war beinahe 400 Jahre lang, 1495–1877, der Sitz der ersten Frankfurter Gewerbschaft und Adelsgesellschaft und diente zeitweise, besonders zu Messezeiten, auch als Verkaufsstätte der Gelnhäuser und später der Weseler Wollenweber. Der rückwärtige Teil des Hauses Alt-Limpurg, früher Silberberg, und unter diesem Namen selbständig von 1428–1438, besteht aus einem massiven Erdgeschosse und zwei Fachwerkgeschossen. Das schöne Treppentürmchen im Hofe des Hauses stammt aus dem Jahre 1627. Ein zweiter Treppenturm in dem Hof zeigt schräg aufsteigende Fenster, ist in den unteren Stockwerken massiv, in den oberen mit Schiefern bekleidet. In der Mitte der hinteren Fassade des Hauses Limpurg (Silberberg) steht die von Baumeister Rügemer gebaute Römerwache, die aus Sandstein gebildet und mit einem Schieferdach überdeckt ist. Auf dem Bild ist ein Teil des Hinterhauses von Limpurg mit seinem restaurierten Fachwerk und dem Ausgangstor nach der Limpurger Gasse sichtbar.

Höfchen im Römer

Vom Maine aus laufen in fast gerader Richtung hintereinander drei Gässchen bis zur Paulsgasse: Das äußerste vom Maine ab ist das Gässchen am Holzpförtchen, diesem folgt das mittlere, die Karpfengasse, und diesem das letzte, die Kälbergasse. In der Karpfengasse, die früher Froschgasse hieß und von dem Eckhaus „Zum Karpfen" ihren nunmehrigen Namen annahm, befindet sich dicht neben dem „Clesern-Hof" das Haus Nr. 4, früher „Zum Heldeberg" geheißen. Bereits zur Mitte des 19. Jahrhunderts betrieb die Firma W. S. Schaffner & Sohn eine Handlung für Wein, Branntwein und Essig; zugleich war darin ein sehr lebhafter Ausschank im Kleinen, wo mit Blechgefäßen gemessen wurde; der Volksmund nannte daher das Haus „Die Blechmusik". Auf diesem Bild ist ein Stück des Hofes wiedergegeben.

Hof des Hauses Fahrgasse 79

Das alte, von seinen ersten Mauern umgrenzte Frankfurt hatte zwei Furten oder Faren: das obere Far, wo sich schon zu Karolingischen Zeiten eine steinerne Brücke befand, und das untere bei dem Palatium gelegene Fahr. Das obere gab dem damaligen Teil der Fahrgasse den Namen (bereits in einem Protokoll vom Jahre 1395 kommt der Name Fargasze vor), das untere dem Fahrtor. Der älteste Teil der Fahrgasse ging nur bis etwa zur Kanngießergasse, der weitere Teil entstand nach der Erweiterung der Stadt, deren An- und Ausbau sich verhältnismäßig rasch vollzog. Im Jahre 1467 ist schon eines in der Fahrgasse befindlichen besuchten Gasthauses „Zum Krachbein", des späteren „König von England", gedacht. Zu den in den nächsten Zeiten entstandenen Bauten der dortigen Gegend gehörten auch die vom Main aus linker Hand der Fahrgasse, von der Schnurgasse nach der Töngesgasse, gelegenen Häuser, darunter das Haus „Zum Weißen Ross", zwischen den Häusern „Kleine Zelle" und „Alter Korb." Es ist schon 1596 erwähnt und ist das achte Haus vom „Würzburger Eck" aus. Sein Äußeres, das den Umbau nicht verleugnen kann, hat wenig Interessantes, dagegen gibt sein Hof ein malerisches Bild.

Hinter der Judenmauer

Die winkelige schmale Gasse, die von dem heutigen (um 1900) Börneplatz in der Richtung von Südwesten nach Nordosten läuft, deren unansehnliche Häuser an der Westseite fast vollständig niedergelegt sind, führte in der Mitte des 14. Jahrhunderts den Namen *vicus judaeorum*, später den Namen „Hinter der Judenmauer." Sie umschließt nach zwei Seiten (westlich und nördlich) die alte Begräbnisstätte der Juden. Ein durch seine Höhe hervorragendes, aber in schlechtem Zustande befindliches, noch vorhandenes Gebäude an der Mauer der Begräbnisstätte (wie es sich auf dem Bild zeigt), war früher das Spital für arme Israeliten. Heute (um 1900) ist dem humanen Zweck ein in jeder Hinsicht vollkommenes Gebäude, an anderer naher Stelle gelegen, gewidmet.

In der Münzgasse 18

Das in der Wetterau gelegene Frauenkloster Throne des Zisterzienserordens hatte im 14. Jahrhundert einen Hof in Frankfurt, der so beschrieben wird: *„Gelegen in der Gassen, als man zu den weißen Frauen gehet, an der Hellergassen.“* Dieser Hof kam erst an das Kloster Padenhausen und von diesem an den hiesigen Patrizier Walther Schwarzenberg. In der ersten Hälfte des XVII. Jahrhunderts war die Frau Raugräfin, Tochter des Kurfürsten Karl Ludwig von der Pfalz und der Freifrau von Degenfeld, Bewohnerin desselben, durch diese kam er in den Besitz des Grafen Degenfeld-Schönburg; daher wurde er auch der Degenfeld'sche Hof und nachher kürzer der Schönburger oder Schönburgerhof genannt und wurde unter die Freihöfe der Stadt gerechnet. Ein Teil dieses Besitztums bildet das Haus Münzgasse 18. Da die Aufnahme von oben aufgenommen ist, bildet ein ansehnlicher Teil der Häusergiebel des betreffenden Stadtviertels mit dem aufragenden Pfarrturm den Hintergrund des ziemlich breiten Gebäudes mit den beiden flankierenden Treppenhäusern. Bemerkt sei noch, dass seinerzeit und zu Lebzeiten der Frau Raugräfin in dem Hofe reformierter Gottesdienst gehalten wurde.

Zeil 54 bis 60

Die Schlussjahre des 19. Jahrhunderts haben auf der Zeil, dem ehemaligen Stolz der Frankfurter Straßen, eine große Veränderung geschaffen. Dem Postneubau ist eine ganze Reihe anderer Häuser gefolgt, ohne dabei das Ende erreicht zu haben. Dazu zählt namentlich die Niederlegung der Häuserreihe unmittelbar neben der Post, die Häuser Nr. 54–60 am unteren Ende der Straße. Das Eck (Nr. 60) am Weidengässchen, ehemaliges Daems'sches Haus, Nr. 58 daneben, ehemaliges Christ'sches Haus und Haus Nr. 56, ehemaliges Mack'sches Haus, haben einem einzigen Neubau, „Minerva" bezeichnet, Platz gemacht. In dem letztgenannten der verschwundenen Häuser (Nr. 56) war in den 1850er-Jahren das erste Wiener Café (Café Parrot) errichtet worden, das damals als Neuheit sehr stark besucht wurde. Bei seinem Abbruch wurde der schöne Steinaufbau vor dem Dach sorgfältig abgenommen und ziert jetzt mit seinen Figuren den Dachstock eines Hauses am Untermainkai. Das auf dem Bild nur halb sichtbare Dörr'sche, spätere Böhler'sche Haus neben der Post gehörte einst dem berühmten Gelehrten Uffenbach, der es hatte umbauen lassen und seine kostbare Bibliothek in einem zwei Stockwerke durchlaufenden Saal darin aufgestellt hatte. Im Jahre 1809 hatte der Handelsmann Arbauer es noch durch ein Stockwerk erhöhen lassen.

Hof des Hauses Saalgasse 29

Das schon 1431 erwähnte „Haus zum Sal" vor dem Saalhof führt auf den Tragsteinen die Jahreszahl 1637, zu welcher Zeit es neu aufgebaut wurde; im Jahr 1607 heißt es von ihm: *„Behausung zum kleinen Salhof genannt uff dem Weckmarkt neben dem großen Salhof einer und dem Haus zum Knobloch andererseits, stoßt hinten uff den Mayn."* Unter dem Vorderhaus verläuft ein langer, spärlich Licht zulassender breiter Hausgang (Durchgang). Das nach Süden, dem Main zu, gelegene Hinterhaus verdeckt zum Teil die Rückseite der Saalhofkapelle, deren oberer Teil über dem Dach dieses Gebäudes, in dem sich jetzt eine Wirtschaft befindet, hervorblickt. Fichard bemerkt von dem Haus, dass verschiedene Bewohner ihrem Namen die Bezeichnung „im Saal" zufügten.

Taubenhof

Die Örtlichkeit, deren Bild dieses Blatt bietet, befindet sich in der Taubenhofstraße, die zu verschiedenen Zeiten verschiedene Namen geführt hat, wie den gewöhnlichsten, „Taubengasse", aber auch „Gasse hinter dem Weißen Haus", „Gasse hinter dem Marstall" und „Gasse hinter dem Komödienhause". Auf dem Belagerungsplane von 1552 ist an ihrer Stelle bloß ein Weg zwischen Gärten nach einem hinten gelegenen Hof sichtbar. Der Hofraum, den wir hier im Bild vor uns haben, hieß früher der Hospitalhof, auch Taubenhof und großer Taubenhof, und gehört dem Hospital zum Heiligen Geist. Er bestand, wie wir ihn hier sehen, größtenteils aus Remisen; als abschließendes Gebäude erblickt man hinten im Hofe die sogenannte Hospitalscheuer, hinter der sich der Rospacher Hof mit Gebäuden und Garten nach der großen Eschenheimer Straße erstreckte, mit dem nach Hamman von Holzhausens Tode, Justinan von Holzhausen von den Kurfürsten Jacob (1505–1507) und Albrecht von Mainz (1515–1537) als Erblehen belohnt wurde.

Hof in der alten Schlesingergasse 15

Die heutige Gallusstraße war, ehe sie zur Stadt gezogen wurde, eine Art Landstraße mit größeren Höfen und Gärten, die meist den Gewerbschaften und Patriziergeschlechtern angehörten. Noch in weit späteren Zeiten finden wir die Stallburg, die Glauburg und die Gründerrode im Besitze von bedeutenden Liegenschaften dortselbst, auch das Kloster Throne scheint dort begütert gewesen zu sein. Die Gallusgasse ward einstmals zur Mainzer Gasse gezählt, erhielt dann aber den Namen Galgengasse, nach dem außerhalb des Mainzer Bollwerks gelegenen Galgen, wie auch das dortige Feld Galgenfeld hieß. Am Anfang dieser Straße läuft nächst dem Rossmarkt eine kurze Straße rechts ab, die alte Schlesingergasse, die hinten bei dem früheren Zwinger geschlossen war. Dort (Nr. 15), befindet sich ein Hof mit Gebäuden, von dem ein Teil hier abgebildet erscheint.

Eingang zum ehemaligen Pfarrhaus, Alte Schlesingergasse 6

In derselben Straße, auf der rechten Seite derselben, befindet sich das ehemalige Pfarrhaus der lutherischen Gemeinde (Nr. 6). Ein anderes Bild aus der Schlesingergasse, der Hof des Hauses „Café Schierholz" haben wir bereits auf Seite 48 dieses Werkes vorgeführt.

Stadt Darmstadt in der Großen Fischergasse 12

Unter der Fischergasse, dem alten *vicus Piscatorum*, verstand man früher einen ausgedehnteren Bezirk als heute (um 1900), wie er denn auch vielfach *inter Piscatorum*, unter den Fischern, bezeichnet wurde. Heute (um 1900) unterscheidet man eine große und eine kleine Fischergasse. Erstere beginnt bei der Fahrgasse mit westlichem Lauf, wendet sich dann in einer fast rechtwinkeligen Biegung nach Norden dem Weckmarkt zu. An dem freien Plätzchen bei dieser Biegung ist das Haus „Stadt Darmstadt" gelegen und bildet ein Eckhaus (Nr. 12). Nach Battonns Meinung hat das Haus früher der „Dannenbaum" geheißen, wie auch Lersner in seiner Chronik bei dem Jahre 1704 von einer Eckbehausung dieses Namens in der Fischergasse, die ein Gasthaus sei und „hinten an ein Allement stieß", spricht. Die Stadt Darmstadt aber ist seit alters ein Gasthaus, das auf beiden Seiten eine Almey hat, und ist auch heute (um 1900) noch ein solches mit Ausschank. Das altertümliche Haus mit seinen Überhängen und seinen hochauflaufenden Giebeln ist im 19. Jahrhundert restauriert worden und es wurde damals auch an eines seiner unteren Giebelfenster das Bildnis des berühmten Anatomen und Chirurgen Lorenz Heister angebracht, der am 19. September 1683 in dem Haus geboren war und nach dem die Heisterstraße in Sachsenhausen ihren Namen hat. (Heister ist 1758 in Helmstädt gestorben.)

Eckhaus der Predigerstraße und Klostergasse 2

In den Zeiten des alten deutschen Reichs hatten die geistlichen Kurfürsten drei Wohnstätten: den Trierischen Hof, das Paradies und das Kompostell bzw. den Mainzerhof. Das Kompostell bestand aus verschiedenen Gebäulichkeiten, die nach und nach erworben wurden. Das eigentliche Kompostell bildete die Hofstätte Nr. 4 der heutigen Predigerstraße, während das oben genannte Haus später durch Kauf dazu kam, es führte früher den Namen „Goldner Hahn". Im Kompostell wurden die Pilgrime, die nach Santiago de Compostela in der spanischen Provinz Galizien zum Sarge des heiligen Jakob wallfahrteten, für eine gewisse Zeit aufgenommen und verpflegt, zugleich wurde es auch als Hospital benutzt. Das Kompostell gehörte ursprünglich den deutschen Herrn und wurde, nach Fichard, 1570 an Daniel, Erzbischof zu Mainz, verkauft. Das Haus, welches unser Bild wiedergibt, diente denselben Zwecken wie das eigentliche Kompostell, heute (um 1900) ist es im Besitze des Herrn J. Böhm und ist Wirtshaus; sein malerischer Aufbau mit den Überhängen und seinem Ecktürmchen an dem Dachstock gibt mit den anstoßenden Gebäuden, namentlich dem alten Giebelhaus des eigentlichen Kompostells, der Straße ein eigentümliches Gepräge.

Portal in der Seckbächer Gasse

Die Seckbächer Gasse hieß früher (1480) Eynungsgasse, wurde aber auch mit Hoster Gasse (Höchster Gasse) bezeichnet. Den Namen Seckbächer Gasse leitete man von dem darin befindlichen Haus „Seckbach" (Nr. 11) ab, dessen Portal hier abgebildet erscheint. Bei Battonn findet sich eine Notiz: „1483 Husungen und Wynkammer (Weinkammer) und Gertechin (Gärtchen) genannt Seckbach". Dies deutet darauf hin, dass sich in diesem Haus eine der in dortiger Gegend mehrfach errichteten Weinkammern befunden hat, nahe bei dem Weinmarkt. Es waren in solchen Häusern überirdische gewölbte Keller angelegt, die von den jährlichen Überschwemmungen des Maines nicht zu leiden hatten. Über dem Portal des Hauses zeigt sich ein Allianzwappen, dessen einer Teil Sonnen mit Gesichtern, darunter einen Phönix, und dessen anderer Teil einen Hahn im Schilde hat. Zu beiden Seiten davon sind Winkelgesimse über Flachsäulen angebracht, worauf weibliche Figuren sitzen, von denen die eine ein Kreuz und einen Kelch mit Hostie, die andere ein Schwert hält und mit dem Arm auf einem Helm ruht. Eine Inschrift besagt: „Hus Maria Barbara 1484".

Das Würzburger Eck

Das Würzburger Eck bildet die Ecke von Fahrgasse und Schnurgasse, dem freien Plätzchen gegenüber, wo Mitte des 19. Jahrhunderts noch die Johanniterkirche stand. Das Haus trug früher mehrere andere Namen, wie „Zum Heiligen Kreuz" (1460), „Zum Kircheneck" (1458), bis es seit dem Jahre 1644 als „Würzburger Eck" bezeichnet wurde. Das einen behaglichen Eindruck machende dreistöckige Haus zeichnet sich besonders durch einen stark hervorspringenden Erkerbau aus, der von einem starken unten fußenden drehtopfartigen Tragstein gehalten wird. An ihm befanden sich ehemals zwei Wappenschilde und ein Helm; das Schild rechts zeigte ein springendes Pferd mit einem Zaum, das linke Schild einen Sparren, darüber zwei französische Lilien und ein Kessel, auf dem Helm ein fortschreitendes gezäumtes Pferd. Neben dem Wappen war die folgende Inschrift in großen lateinischen Lettern angebracht: *„1540 das ist abber das ewige Leben, das si doch das du Allein wahrer Got bist Und den du Gesant hast Jesum Christ erbarmen. Jos. C. 17."* Die Wappen sind durch Beschädigung ganz verschwunden, die Schrift ist unleserlich geworden. Lange Jahre war das Haus im Besitze von Brönner, Spezerei- und Kaffeehandlung.

Reliefs auf der Alten Mainbrücke

Die Alte Mainbrücke hat im Laufe der Zeiten in Bezug auf den Teil über ihren Bogenwölbungen das Aussehen mehrfach verändert und nur Weniges ist von dem einst Bestandenen noch vorhanden. Die beiden Brückentürme, je einer auf der Frankfurter, einer auf der Sachsenhäuser Seite, sind, der erstere 1764, der zweite 1801, niedergelegt worden; die zweite und westliche Brückenmühle, das Rattenhäuschen, das Wachthaus, die Blockhäuser sind verschwunden und aus der älteren Zeit bestehen nur noch das Kruzifix, wie die beiden über der Brüstung befindlichen aufgesetzten Bogensteine, und aus späterer Zeit, 1843, die Statue Kaiser Karls des Großen, von Wendelstadt entworfen und Zwerger vollendet. Die genannten Bogensteine zeigen über ihren Türöffnungen zum einen das Relief des Maingottes (Nr. 102) und zum anderen in etwas grotesker Weise zwei eine Kanone bedienende Constabler (Nr. 101). In rotem Sandstein gearbeitet, haben sie dem Wind und dem Wetter ziemlich standgehalten.

Torweg in der Neugasse

Die Neugasse war nach Battonn früher eine Stumpfgasse, die nach Baldemar vor Zeiten Erkingboldgasse hieß und bei dem Hühnermarkt geschlossen war. Wie ihr heutiger (um 1900) Name andeutet, ist sie eine erst später durchgeführte Gasse. Von ihr aus geht bei dem Haus „Goldenes Kreuz" (Nr. 2) ein Torweg nach dem Hofe Rebstock, hinter diesem Torweg kommt nach je einer Behausung rechts und links ein zweiter Mauerbogen, von dem man dann wieder aus einem dritten Bogen erst in den Rebstock gelangt. Seit wann dieser Weg offen ist, bleibt unbestimmt. Bei einer jüngst (im März 1902) stattgefundenen Verhandlung vor der Strafkammer wurde die herkömmlich zum öffentlichen Verkehr freigegebene Passage durch den Rebstock vom Markte aus bis zur Kruggasse als zweifellos öffentliches Eigentum anerkannt. Der Rebstock selbst war nach einem von 1860 stammenden Kaufbrief allen Adjazenten gemeinsam.

Treppenturm hiner dem Lämmchen

In der Straße „Hinter dem Lämmchen", links von dem Haus „Zum Goldenen Lämmchen", befindet sich eine vorn zugebaute Almey, welche auf das ehemals Jacob Heller'sche Haus im Nürnberger Hof stößt. Nimmt man gegenüber auf der anderen Seite der Straße Stellung, so gewahrt man in der bezeichneten Almey einen turmartigen Anbau hervorragen, der sich an der dortigen Baulichkeit gewissermaßen als fensterreicher Erkerturm zeigt und mit den Wohnungen eng verbunden ist. Das alte Frankfurt war nicht arm an derartigen hervortretenden und aufragenden Gelassen.

Der „König von England"

Das Haus in der Fahrgasse, welches heute (um 1900) diesen Namen trägt, hieß ursprünglich „Krachbein", alt Krachbein oder der Krachbeiner Hof (1396). Schon 1467 war es ein Gasthaus: „Herberge zum Krachbein"; wie Lersner in seiner Chronik erzählt, hätte sich am 23. Februar 1568 eine englische Botschaft von ungefähr 50 Personen in diesem Gasthaus niedergelassen und am folgenden Tage das Wappen der englischen Königin aufgehängt. Im Jahre 1663, am 23. Januar abends, brach daselbst Feuer aus, welches das Ballhaus und die Hälfte der Nebengebäude verzehrte. Damals war an dem Haus noch eine Tafel vorhanden, worauf zwei Engel abgebildet waren, die ein in der Mitte gebrochenes Bein an den beiden Enden hielten, ein Hinweis auf den Namen Krachbein. Das Ballenhaus (Ballhaus) im Krachbein diente zeitweise auch als Musentempel: So spielte im Herbst 1678 die Komödianten-Truppe des Magister Velthen darin abwechselnd mit der Truppe seines früheren Genossen Andreas Elenson, der sich ein paar Jahre zuvor von ihm getrennt hatte. Im Jahre 1701 nahm das Haus den Namen „König von England" an und das königliche Bildnis wurde an der Frontseite aufgestellt. Hundert Jahre später (1801) kaufte der Wollwarenhändler Nestle das Haus und 1874 wurde es zwecks des Durchbruchs der Schnurgasse zum Börneplatz von der Stadt erworben, die indes 1878 das Oberlandesgericht provisorisch dorthin verlegte. Später kam das Haus zur öffentlichen Versteigerung und der Teil, der nicht von der neuen Battonnstraße in Anspruch genommen ward, wurde von Herrn Harnischfeger erstanden, der das Haus niederlegte und einen Neubau errichtete, an dem er die alten Kariathyden sowie das in Stein gearbeitete Bildnis des Königs von England wieder anbringen ließ. Das Haus nahm dann seine frühere Bestimmung wieder auf und wurde teilweise zu Restaurations- und Logierzwecken verpachtet.

Brunnen in der Klappergasse

Den Namen Klappergasse führte ehemals die Kleine Rittergasse am Eingang zur Großen Rittergasse und hatte ihn noch bis zum Ende des 16. oder Anfang des 17. Jahrhunderts. Die Bezeichnung ging dann an die neu angelegte heutige (um 1900) Klappergasse über, wahrscheinlich als Erinnerung an die im Jahre 1314 in Sachsenhausen geschehene Wahl Friedrichs des Schönen von Österreich zum Kaiser auf dem in dieser Gegend gelegenen Wahlfeld. Nahe dem heutigen östlichen Ende befindet sich ein Brunnen, der auf einem viereckigen Pfeiler auf verkröpftem Gesimse eine Vase trägt. Auf den Seitenflächen sind durch Kränze eingefasste etwas gewölbte Schriftflächen zu sehen, auf denen die Namen des in dem Erbauungsjahre (1789) in Amt und Würden stehenden Brunnenschultheißen J. G. Ducat und von J. M. Euler als älteren und J. R. Funk als jüngeren Brunnenmeister eingemeißelt sind, sowie auch des Erbauers, Steinmetzmeister G. W. Mayr. Renoviert wurde der Brunnen im Jahre 1888. Ehe dieser Brunnen errichtet war, befand sich dort ein Ziehbrunnen.

Der Hirschbrunnen in der Großen Rittergasse

Die Verlängerung der Großen Rittergasse in Sachsenhausen bildete den Straßenteil, der ehemals „In dem Tiergarten" hieß. Die Anlegung der heutigen Dreieichstraße führte eine vollständige Veränderung dieser Gegend herbei, der auch die letzten Reste der Festungsanlagen mitsamt dem dort errichteten Holzmagazin zum Opfer fielen. Die Straße „In dem Tiergarten" ist verschwunden. Bei einem aus der Vergangenheit auf uns gekommenen Haus, Rittergasse Nr. 30, das im Volksmund das „Alte Feuerrädchen" genannt wird, und einem nächstfolgenden Neubau (Ecke der Großen Rittergasse und Dreieichstraße) befindet sich der Hirschbrunnen, auch Tiergartenbrunnen genannt; auf einer schlanken, an den Kanten mit Hohlkehlen versehenen Brunnensäule steht neben einem Felsen ein Hirsch mit großem weiten Gestänge. An den Seitenflächen der Säule ist die Zeit der Erbauung des Brunnens (1796) angegeben, wie auch der Name des Brunnenschultheißen: Joh. Friedrich Löffler; als Brunnenmeister sind Joh. Thomas Geisler als älterer und Joh. Jacob Beck als jüngerer Brunnenmeister genannt.

Der Paradiesbrunnen

Der Paradiesbrunnen in der Großen Rittergasse vor dem Eckhaus dieser und der Paradiesgasse leitet seinen Namen von der letzteren ab. Er war, wie fast alle, anfangs ein Ziehbrunnen und hieß wohl ehedem der Clee'schehofbrunnen, wegen seiner Nachbarschaft bei diesem Hof. Später als er zum geschlossenen Brunnen umgeschaffen wurde (1786) und eine steinerne Pumpensäule erhielt, auf der die in Stein gearbeiteten Figuren des Adam und der Eva mit dem Baume des Lebens und der Schlange aufgestellt wurden, bekam er obige Bezeichnung, ward aber auch vielfach der „Adam-und-Eva-Brunnen" geheißen. Auf der Brunnensäule finden sich die Namen: Anthon Dauth, Brunnenschultheis; Michael Klein, älterer Brunnenmeister; Nicolaus Dauth, jüngerer Brunnenmeister.

Das Löwenplätzchen in der Fahrgasse

In dem mittleren Teil der Fahrgasse befindet sich ein kleiner Platz, der so ziemlich sein altes Aussehen erhalten hat, indem die dort aneinandergereihten Häuser wenig oder gar keinen Umbauten unterzogen wurden. Auf diesem Platz erhebt sich eine zierliche steinerne Brunnensäule, auf welcher eine aufgerichtete Löwin einen Schild hält; es ist dies der sogenannte Löwenbrunnen. Derselbe wurde im Jahre 1781 durch den Steinmetzen Arzt errichtet, während die Bildhauerarbeit von Johann Leonhard Aufmuth herrührt. Der Brunnen wurde hier statt des früher gegenübergestandenen Grabeborns vor dem „Goldenen Löwen", dem heutigen „Württemberger Hof" aufgestellt. Die Brunnensäule zeigt mit ihren aufgelegten Platten hübsche Ornamente und an der Vorderseite die Zeit der Erbauung. An den Seiten stehen die Namen: Johann Georg Säuffermann, Brunnenschultheiß, und Hieronymus Peter Lehr, jüngerer und Abraham Fischer, älterer Brunnenmeister. Im Wappen befinden sich die Worte: „Zum Goldnen Löwen". Ursprünglich trug ein früheres Brunnengestell zwei aufrecht stehende Löwen, die aber im Jahre 1781 abgenommen und durch die jetzige Löwin ersetzt wurden. Die ganze Gegend war ehemals eine moorige, sumpfige, die „der Bruch" hieß und von dem Elkenbach durchzogen wurde, über den ein Steg führte. Bezeichnend ist auch, dass in alten Akten ein Haus dort erwähnt wird mit den Worten: „Hus uf der Swynen Mystin" (Schweinemist).

Der Römer vor dem Umbau

Bis 1890 war der Häuserkomplex zwischen Limpurgergasse, Römerberg, Wedelgasse, Paulsplatz, Römergasse und Kerbengasse ein Gefüge von allerdings miteinander verbundenen Gebäuden, die unter dem allgemeinen Begriff „der Römer" zusammen genannt wurden. In Wahrheit bestand dieser Komplex aber aus elf verschiedenen alten Bauwerken, die nach und nach von der Stadt erworben waren und den städtischen Verwaltungszwecken dienten; es waren dies von der Kerbengasse anfangend: das Haus Schwarzenfels, die Viole, Haus Frauenrode, Goldener Schwan, Haus Wanebach, das Salzhaus, Haus Frauenstein, Haus Löwenstein, der „Römer" und Laderam-Alt-Limpurg. Die letztgenannten fünf Häuser mit ihren ansehnlichen und interessanten Fronten nach dem Römerberg sind es, die auf diesem Blatt so wiedergegeben sind, wie sie vor dem Neubau in den letztverflossenen Jahrzehnten zu sehen waren.

Das Salzhaus, zuerst 1324 erwähnt, zu welcher Zeit es im Besitze der Familie Wanebach war, führt den Namen von einem früher dort betriebenen Salzverkauf. Auch hieß es „Zum Hohen Homberg". Bei dem Fettmilch-Aufstand war es im Besitz des Christoph Andreas Koler aus Bingen, der damals bei dem Aufstand eine große Rolle spielte. 1843 wurde es von der Stadt angekauft.

Haus Frauenstein, zuerst 1342 als im Besitze von Heinrich zu dem Wedel erwähnt, kam 1350 in den des Konrad von Harheim und blieb in dieser Familie bis 1434, als es an Gude Weiss zu Löwenstein und von dieser 1444 an die Stubengesellschaft Frauenstein verkauft wurde. Nachmals wechselte es öfter seinen Eigentümer, bis es 1843 von der Stadt erworben wurde.

Haus Löwenstein war 1342 im Besitz von Konrad Weiss von Limpurg, genannt zu Löwenstein; in der Familie desselben blieb es bis 1580 und war von 1486 bis 1496 an die patrizische „Stubengesellschaft auf Löwenstein" vermietet. 1580 war sein Besitzer Hieronymus Stalburger, der es 1595 an einen Handelsmann Ludwig Clar verkaufte; von diesem erwarb es im nächsten Jahre die Stadt.

Die Häuser Römer und goldener Schwan wurden 1405 von dem Rat angekauft. Urkundlich waren beide Häuser 1322 zusammen als Besitztum von Wigel Frosch erwähnt, dem Schwiegersohn des Wigel von Wanebach. Im Jahre 1399 gehörten die Häuser Römer und Laderam zu zwei Drittteilen Heinz und Gong zum Römer. Nach dem Kauf ließ der Rat gleich den Umbau beginnen. Friedrich Königshofen errichtete die hochgewölbte Halle, von der aber ein Teil alsbald wieder einstürzte; 1406 war sie von einem anderen Bauführer wiederhergestellt und im Jahre 1414 wurde sie zum ersten Male zur Messezeit als Kaufhaus an die Kaufleute vermietet. Im Jahre 1838 wurde die Ausschmückung des großen Saales über der vorderen Halle mit den Bildnissen der deutschen Kaiser angeregt und 1853 wurde das letzte Kaiserbild, Karl der Große, eingesetzt. Am 17. August 1863 fand das große Festmahl des Fürstentags darin statt und am 8. Oktober 1866 erfolgte hier die Verkündigung der Einverleibung der freien Stadt Frankfurt in die preußische Monarchie.

Das Haus Laderam-Alt-Limpurg wird schon 1336 erwähnt. Die ältesten bekannten Eigentümer waren die Erben des Schöffen Gerlach zum Hohenhaus. Im Jahre 1428 war es im gemeinschaftlichen Besitz von Jorg von Breidenbach und Peter Schule von Friedberg. Nachmals wurden die Häuser durch eine eingesetzte Giebelwand voneinander geschieden und der Breidenbach'sche Teil erhielt den Namen Silberberg. Wieder vereinigt, kam das Gebäude 1495 in den Besitz der Gesellschaft Alt-Limpurg, in dem es nun jahrhundertelang verblieb. 1878 wurde es von der Stadt zu kommunalen Zwecken gekauft, namentlich den Sitzungen des gesetzgebenden Körpers und der Stadtverordneten-Versammlung. Im Januar 1889 wurde ein engerer Wettbewerb zur Erlangung von Entwürfen für die künstlerische Ausgestaltung der Dreigiebel-Fassade am Römerberg ausgeschrieben. Dem Entwurf des Diözesan-Baumeisters Meckel in Frankfurt a. M., der sich bezüglich der Ausmalung mit dem Maler Peter Becker vereinigt hatte, wurde von dem Preisrichter-Kollegium der erste Preis zuerkannt, dem sich auch die Römerbau-Kommission anschloss, jedoch mit der Bedingung einer Vereinfachung. Nach Prüfung verschiedener weiterer Vorlagen und Pläne erhielt dann ein wesentlich vereinfachter Plan die Billigung der Römerbau-Kommission und der Stadtverordneten. 1896/97 wurde mit den Bauarbeiten begonnen.

Das Fertsch-Finger'sche Haus

Auf die Westseite des Paulsplatzes mündeten noch ums Jahr 1900 zwei nicht breite Gassen aus: die Paulsgasse und die Römergasse. Durch den Rathausneubau sind neben anderen auch die Häuser, welche zwischen diesen beiden Straßen lagen, niedergelegt worden und eine breite Straße, die jetzige Rathausstraße, hat einen Teil ihrer Bodenfläche eingenommen. Das vorliegende Bild stellt das Fertsch-Finger'sche Haus, das die Spitze jener Häuserreihe bildete und mit Paulsplatz 3 bezeichnet war, dar. Die Gasse, welche den Hauptteil der jetzigen (um 1900) neuen Straße einnimmt, hieß ehemals „Kaltlochgasse" und das genannte Haus selbst hieß „Zum Baum", nach alter Nummerierung Lit. J. Nr. 105, mit dem das daran stoßende Gebäude „Zur Alten Waage" Lit. J. Nr. 106 vor Zeiten vereinigt war. Bis zum Jahre 1744 gehörte der „Baum" der Familie von Lersner. Nachdem es eine Zeit lang im Besitze von Fertsch-Finger gewesen, ging es 1861 an die Stadt über und wurde zu städtischen Amtszwecken benutzt. So hatte das Hochbauamt, das Ölmagazin und Anderes dort seinen Sitz, auch die Anmeldungen zur Rekrutierungs-Stammrolle wurden darin entgegengenommen.

Die Häuser des Römerbergs

Die Häuser des Römerbergs haben ein in ihrer Art eigentümliches Gepräge durch ihren Fensterreichtum. Ihre Besitzer wussten sehr gut durch die Verwertung der Zimmer und Fenster zur Zeit der Messen und Kaiserkrönungen Nutzen zu ziehen. Aus alten Rechnungen gehen die oft kolossalen Einnahmen hervor; so hat das Haus Römerberg 26 zur Krönungszeit im Jahre 1790 nicht weniger als 5453 Gulden erbracht. Im Großen und Ganzen hat wohl der Römerberg sein altes Aussehen bewahrt, bis in der neuesten Zeit (um 1900) der Häuserkomplex von dem unteren Teil der neuen Kräme bis zum breiten Dietz'schen Haus (dieses mit eingeschlossen) wegen Durchführung der Braubachstraße niedergelegt wurde. Die noch stehenden, aber bereits geräumten Häuser Nr. 36–30 bis zum Markt werden bald (um 1900) dem gleichen Schicksal unterzogen werden.

Das Senckenbergische Stift

Wenn schon die Stiftstraße in den jüngstverflossenen Jahren eine sehr große Veränderung gegen ihren früheren Bestand erfahren hat, so wird eine noch eingreifendere in nicht fernen Tagen ihr durch die Hinwegverlegung der Gebäude und Anlagen des Senckenbergianums bereitet werden. Nach längeren Verhandlungen mit den Senckenbergischen Stiftungsvorständen hatte der Magistrat im Februar 1903 den Stadtverordneten eine Vorlage zukommen lassen, in welcher gesagt ist: „Die Senckenbergische Stiftung veräußert ihren gesamten Besitz zwischen Stiftstraße, Senckenbergstraße, Brönnerstraße und Bleichstraße, 18 260 qm groß, und errichtet ein neues Kranken- und Pfründnerhaus nebst Räumen für die Administration auf dem früher vorgesehenen Platz an der Nibelungen-Allee. Für die Senckenbergische Bibliothek und die übrigen Institute werden Neubauten an der Victoria-Allee, für ein botanisches Institut wird ein Neubau in der Nähe des Palmengartens errichtet. Der Neubau eines anatomischen Instituts wird gemeinsam mit der Stadt auf dem Grundstück des städtischen Krankenhauses errichtet." Gegenüber diesen in Aussicht stehenden Umwandlungen dürfte eine Erinnerung in Wort und Bild an das Alte, bald Scheidende neues Interesse erregen.

Wie sich aus Urkunden (um 1428) ergibt, ist die Witwe Gerbrachts von Glauburg, Agnes, die erste nachweisliche Besitzerin eines Teils der heutigen Senckenbergischen Stiftung gewesen. Später ging die Liegenschaft mit dem ursprünglichen Haus in den Besitz der Familie Uffsteiner über. Nach noch mehrmaligem Besitzwechsel wurde das Stifthaus nebst Garten von dem Physikus Dr. med. Johann Christian Senckenberg erworben. Der hochgeachtete, aber vereinsamte Mann, dem der Tod dreimal die Gattin von der Seite gerissen und sein einziges Kind geraubt hatte, fasste den Gedanken, seine Besitztümer, Barvermögen und Sammlungen dem Wohle seiner Vaterstadt zu widmen und hatte am 18. August 1763 dem Rat der Stadt Frankfurt seinen Haupt-Stiftungsbrief als „seine wohlbedächtliche Willens-Verordung und unwiderrufliche Stiftung" übergeben, zugleich 95 000 Gulden dem Rechnei-Amt überliefert mit dem Vorbehalt, davon für seine Lebzeit jährlich 4% Zinsen zu erhalten.

Der Bau des Senckenbergischen Hospitals wurde im Jahre 1770 begonnen. Am 15. November 1772 hatte der Stifter das Unglück, in dem Neubau durch eine von ihm nicht bemerkte Gebälklücke hinabzustürzen und nach wenigen Stunden vom Tode ereilt zu werden. Der Bau wurde von der eingesetzten Administration weitergeführt und im Jahre 1777 vollendet, sodass im Jahre 1779 die ersten Kranken aufgenommen werden konnten. Im Jahre 1797 kaufte die Administration den großen vormals Kohler'schen Bleichgarten von der Witwe Maria Margarethe Kohler geb. Schluckebier samt Gebäulichkeiten um den Preis von 36 000 Gulden.

Außer der Anatomie und dem ersten Hospitalgebäude, das über der Eingangstüre in halbkreisförmiger Nische die von dem Bildhauer Datzeroth gearbeitete Gestalt des Erlösers mit offenen Armen birgt und die Inschrift „Salvator mundi salva nos", (Erlöser der Welt erlöse uns) sowie die Worte „venite ad me omnes" (kommt alle zu mir) zeigt, ist von den ursprünglichen Bauten nichts mehr vorhanden. Anstelle des alten Stifthauses wurde 1866 nach den Plänen des Architekten Carl Jonas Mylius der neue Bibliotheksbau mit der Wohnung des Stiftbotanikers und zwei Hörsälen begonnen. Später entstand das Gebäude des Physikalischen Vereins.

Die Anatomie

Die Genehmigung zum Bau der Anatomie war Senckenberg bereits am 23. März 1768 erteilt worden. Der Bau stellt ein Achteck mit zwei Flügeln dar. Der mit hoher Kuppel mit acht Rundbogenfenstern gekrönte Mittelbau zeigte früher die vom Stifter bestimmte Figur des Saturn, aus Eisenblech gemacht mit Sanduhr und Sense, sie wurde im Volksmund der „Sensenmann“ genannt und bei der Renovation im Jahre 1853 entfernt.

Grabdenkmal Dr. Senckenberg

Dr. Senckenberg hatte schon im Mai 1767 bei dem Kasten-Amt die Bitte eingereicht, man möge ihm gestatten, eine Grabstätte für seinen Leichnam *„in seiner Stiftung herrichten zu lassen, damit er noch im Tode wenigstens dem Leibe nach bei derselben sein könne." Als der Senatsbeschluss lautete: „solle man ihm lediglich für seine Person in Rücksicht seiner Stiftung bei diesem Ansuchen willfahren"*, ließ er sein Grabmal im botanischen Garten an der Mauer aufbauen, mit der selbstverfassten Inschrift versehen, wie sie heute (um 1900) noch zu sehen ist. Es ist ein kapellenartiger Bau auf zwei Seiten mit zierlichem Gitterwerk geschlossen (siehe Abbildung oben).

Alter Brunnen in der Stiftstraße

Gleichzeitig mit den Stiftshäusern wurde auch die Gartenmauer in der Stiftstraße abgebrochen, zugleich die Straße verbreitert. Einer neuen niederen Mauer wurden die Mauerdeckel der alten aufgelegt und mit Stacketen versehen. Hierdurch verschwand der alte Brunnen (Abbildung oben nach einer Fotografie von Mylius vom Jahre 1866). Es war dies die Stelle, wo Goethe (siehe Dichtung und Wahrheit) im Traume das Pförtchen sah, von dem aus sein Märchen „der neue Paris" seinen Anfang nimmt.

Alte Stadtmauer

Hier ist noch ein Teil der alten Stadtmauer am botanischen Garten zu gewahren. Diese alte Stadtmauer mit ihren Wehrgängen zog sich um die ganze Stadt bis zum Maine und fand auch in Sachsenhausen ihre Fortsetzung. Am Eschenheimer Turm ist noch nach der Stadtseite hin der Wehrgang zu gewahren.

Der Kühhornshof

Der ganze Teil der Gemarkung, worin der Kühhornshof gelegen ist, gehörte in Fränkischer Zeit zum Königsgut; erst unter Ludwig dem Bayern ging die Hofstelle in Privatbesitz über. Das Feld um den Kühhornshof wurde auch das Knoblauchsfeld genannt von dem altadligen Geschlechte der Knoblauch (darum damals auch Knoblauchshof). Von den nachmaligen Besitzern von Kühhorn und Bertram nahm der Hof die Namen Kühhornshof und Bertramshof an. Mit dem letzten Besitzer, Bernhard Kühhorn, starb (1586) dessen Geschlecht aus. Im 17. Jahrhundert gehörte der Hof eine Zeit lang der Familie Rosbach und führte auch den Namen „Rosbacher Hof". Im 19. Jahrhundert ging der Hof mit seinen 300 Morgen Acker und Wiesen an die Familie von Rothschild über; zuletzt war er Eigentum von Fräulein Louise von Rothschild, die das alte Gebäude niederlegen und einen Neubau (1889) ausführen ließ. Dieser nahm wieder den Namen Bertramshof an. Im Jahre 1802, nachdem Fräulein Luise von Rothschild gestorben war, ging der Hof mit allem Dazugehörigen an Frau Baronin Willy von Rothschild um die Summe von 1,5 Million Mark über. Es mochten sich dort wohl, wie einige Spuren glauben machen durften, daselbst auch römische Anbauten (Gräber und dergleichen) befunden haben. Als Wahrzeichen ehemaliger Zeit ist noch der Turm mit der alten Brücke erhalten und am westlichen Ende ein Stückchen von dem alten Gebäude nebst dem alten, schon stark verwitterten Steinbild, eine Maltafel in der alten Mauer zeigt einen stehenden Fuchs mit einer Laute, zu dessen Füßen ein kleines Tier, etwa wie ein Hamster. Es wird daraus gedeutet, dass einst hier eine Stätte für das Feldgericht, die anderswo nicht bestanden hat, gewesen war. Die beiden Blätter bieten die Ansichten zu verschiedenen Seiten nach Aufnahmen von Mylius 1868.

Warten bei Frankfurt am Main

Nachdem in den Jahren 1370 bis 1372 die Landwehren zum Schutze des außerhalb der Festungsmauern gelegenen Geländes mit ihren Gräben und Gebücken angelegt worden waren, galt es, diese durch befestigte Warten für die Verteidigung wirksamer zu machen und der Rat erlangte hierfür von Kaiser Sigismund 1398 ein Privilegium. Eigentliche Warten wurden fünf um Frankfurt errichtet: die Galgenwarte, die Bockenheimer Warte, die Friedberger Warte, die Rieder Warte und Sachsenhäuser Warte, von denen heute (um 1900) noch vier als Wahrzeichen vorhanden sind, während die Rieder Warte verschwunden ist.

Die Friedberger Warte ward 1476 erbaut, nachdem die Stadt mit kaiserlicher Genehmigung das Reichslehen Bornheim an sich gebracht hatte. Während der Belagerung Frankfurts im Jahre 1552 kam die Warte ziemlich gut weg, im Dreißigjährigen Krieg (am 6. Oktober 1634) wurde sie durch die Kroaten in Brand gesteckt, nachmals aber wieder ausgebessert.
Die Galgen- oder Gallus-Warte ist die älteste und wurde im Jahre 1414 an der Stelle, wo vorher eine (1390) errichtete hölzerne Warte stand, aufgebaut. Die neue Warte hieß damals „bei den guten Leuten" und geriet später, 1552, in Brand, wurde aber bald wiederhergestellt.

Englischer Hof (Hauptbau)

Das im Jahre 1904 niedergelegte Gebäude war 1798 von N. Lippert, der damals die Gastgerechtigkeit erworben hatte, erbaut worden. Am 2. September 1798 wurde es als Gasthof eröffnet und blieb in dieser Eigenschaft mehr als 100 Jahre, trotz mehrfachen Besitzwechsels. Im Jahre 1836 ging der Gasthof an F. W. Büdingen, 1840 an Joh. Eugen Gouvernor und 1863 an Joh. Georg Bertholt über, von dem auch das nebenliegende ehemalige Gogel'sche Haus erworben wurde. Der englische Hof galt stets als Gasthaus ersten Ranges und bildete das Absteigequartier der vornehmsten Herrschaften. Aus der Geschichte des 19. Jahrhunderts sei nur erwähnt, dass im Jahre 1848 dort vielfach die Bundestagsgesandten und ein großer Teil der Abgeordneten zum deutschen Parlamente verkehrten, so namentlich von Gagern, Windhorst, Jahn, Fürst Lichnowsky, Raumer, General Auerswald etc. Fürst Bismarck war häufiger Gast im Englischen Hof. In den 1850er-Jahren waren hier die feinsten Reunions, im Jahre 1863 war das Haus von den fürstlichen Persönlichkeiten des „Fürstentags" besucht. Im Jahre 1866 war hier das Standquartier des Generals von Räder und Vogel von Falkensteins. Auch Schopenhauer war ständiger Gast an der Tafel und viele andere berühmte Männer der Kunst und Wissenschaft verkehrten daselbst. Im Jahre 1903 verlegte der damalige Eigentümer das Hotel nach der Ecke der Kaiserstraße und des Bahnhofplatzes und verkaufte die Liegenschaft, auf der nun Baulichkeiten für große Geschäftsfirmen errichtet werden.

Englischer Hof (Nebenbau)

Der eigentliche „Englische Hof" auf dem Rossmarkt ist auf dem vorliegenden Bild nur angedeutet sichtbar, (links). Das abgebildete, neben dem Hauptbau stehende Gebäude, das ehemalige Gogel'sche Haus, das den Namen „Goldene Kette" führte, wurde gegen 1865 zu dem „Englischen Hof" hinzugekauft. Es zählte zur Straße „Am Salzhaus", deren Entstehung mit der Bebauung des großen Hirschgrabens in die gleiche Zeit fiel. Das alte Gogel'sche Haus, wie es unser Bild zeigt und in dem zeitweise das Café Milani war, ist im Jahre 1901 niedergelegt worden. An seiner Stelle wurde alsdann von dem Architekten C. Junior ein neues, eigentlich aus drei gesonderten Häusern bestehendes, geschäftlichen Zwecken gewidmetes Gebäude erbaut, ein palastähnlicher Bau mit reicher Architektur.

Neue Mainzer Straße 15–17, Haus von Heyder

Die Stelle, worauf sich gegenwärtig (1904) das neue Schauspielhaus nebst den mit demselben verbundenen Bauten befindet, war bis zum Jahre 1899 das Heyder'sche Anwesen. Bis zu Beginn des vorigen 19. Jahrhunderts zu den städtischen Befestigungsanlagen gehörig, wurde, nachdem die Demolierung beschlossen und 1804 damit der Anfang gemacht worden war, das Grundstück am 20. März 1809 an den Bankier Grunelius verkauft, von diesem ging es in den 20er-Jahren an Johann Georg Conrad von Saint-George und von diesem in den Besitz des Herrn v. Heyder über. Bei der Frage eines Umbaues oder Neubaues des städtischen Schauspielhauses wurde in der Stadtverordnetenversammlung im Juni 1896 ein Magistratsantrag auf Erwerbung dieses Grundstücks (Neue Mainzer Str. 15–17) zum Preis von 900 000 Mark vorgelegt, und nach langen Verhandlungen im Juli 1897 der Ankauf mit 22 gegen 20 Stimmen genehmigt. Am 28. August 1899 (an der 150-jährigen Geburtstagsfeier Goethes) wurde der Grundstein zum neuen Haus gelegt und nach dreijähriger Bauzeit fand am 4. November 1902 die festliche Eröffnung des neuen Musentempels statt. Bezüglich der Straßenanlage sei noch bemerkt, dass sich die jetzt (1904) frei stehende Platane noch im Heyder'schen Garten an der Eckmauer befand und jetzt (1904) eine Zierde des Platzes bildet.

Portal am Haus zum Braunfels

Gleserner Hof, Portal *(Text S. 105)*

Der Große Braunfels verdankt seinen Namen ursprünglich (1360) seinem Besitzer, der aus dem Städtchen Braunfels an der Lahn nach Frankfurt übersiedelten Familie Brun zu Brunfels. Gegen Ende des 15. Jahrhunderts kam der Braunfels durch Ganerbschaft in den Besitz der adeligen Gesellschaft Frauenstein, die ihren Sitz dahin verlegte. Aus dieser Zeit stammt das schöne Portal mit den beiden weiblichen Figuren über den Torsäulen und dem dazwischen angebrachten Wappen der Frauensteiner mit goldener Lilie in blauem Feld. Teile der Räumlichkeiten des Anwesens wurden an hiesige und auswärtige Geschäftsleute vermietet. Um die Wende des 18. Jahrhunderts fanden große bauliche Veränderungen darin statt. Das Kollegium der Börsenvorsteher (nachmals Handelskammer) hielt dort seine Sitzungen und bis zum Jahre 1840 wurde die Börse selbst in dem Hofraum und den anstoßenden Räumlichkeiten abgehalten. Eine geraume Zeit war der sogenannte „Bazar" in dem Haus. Im Jahre 1792 wurden zur Ostermesse die unteren Gewölbe eröffnet und zur Ostermesse im Jahre 1796 die Messstände auf der Galerie; die letzteren wurden in den 1840er-Jahren aufgegeben. Im Jahre 1859 ging das Anwesen in Privatbesitz über. Es mögen hier noch folgende interessante Daten angeführt sein: In den Jahren 1442–47 hielt Kaiser Friedrich III. bei seinen Besuchen in Frankfurt hier Hoflager. Nachdem 1495 auf dem Reichstag in Worms Kaiser Maximilian I. den Reichsständen die Forderung eines neuen Reichsgerichts, eines neuen Reichsregiments mit gesetzlich geordneter Beteiligung der Stände sowie die Errichtung und feste Handhabung des Landfriedens zugesichert hatte, ermietete der Rat von Frankfurt die nötigen Räume im Braunfels auf vier Jahre für die Sitzungen des Reichskammergerichts, deren erste unter dem Vorsitz des Ittel Friedrich, Grafen von Zollern, am 30. September eröffnet wurde; am 12. Mai 1497 fand die letzte Sitzung des Gerichts in Frankfurt statt, worauf dasselbe nach Worms zog. Im Jahre 1617 wohnte der Kurfürst Friedrich von der Pfalz (der sogenannte Winterkönig), 1619 Kaiser Ferdinand II. bei seiner Krönungsfeier im Braunfels. In der Zeit von November 1631 bis Juni 1632 hatte König Gustav Adolf wiederholt mit seiner Gemahlin hier Quartier genommen, 1658 wohnte Leopold I. gelegentlich der Kaiserkrönung hier; zuletzt war es Kaiser Franz II., der mit seiner Gemahlin und mehreren Erzherzogen hier Wohnung fand.

Gleserner Hof, Treppenaufgang

Gleserner Hof, Treppenturm

Unter den alten Gebäuden, die dem Rathausbau zum Opfer gefallen waren, befand sich auch der Gleserner Hof, eigentlich „Gläsershof". Ursprünglich standen an seiner Stelle die zwei Häuser „Laneck" und „Zum Jungen Frosch"; der Handelsmann Peter Caspar Gläser aus Nürnberg, der später als „Gläser von Gläserthal" geadelt wurde, hatte diese im Jahre 1682 niederlegen und mit einem Kostenaufwand von 20 000 Gulden an der Kerben- und Karpfengasse das oben genannte Haus erbauen lassen. Um die Mitte des 19. Jahrhunderts ging die Liegenschaft an den Schreiner C. Wagner über und von diesem 1863 für 125 000 Gulden an die Stadt, welche die Polizeiverwaltung und das Schuldgefängnis dorthin verlegte. Auch unter der späteren preußischen Verwaltung blieb es Polizeipräsidium, bis das Präsidialgebäude auf der neuen Zeil bezogen werden konnte. Es kamen nun zeitweise Standesamt, Stadtausschuss, Armenamt, Gewerbegericht, Kirch- und Friedhofs-Kommission etc. in den Glesernen Hof. Im Jahre 1900 wurden die Gebäulichkeiten niedergelegt. Das Äußere des Hauses hatte manche Veränderungen erfahren, namentlich verschwanden die Türmchen, wie sie noch bei Merian zu sehen sind. Im Innern dagegen hatte sich manches bis zum Verschwinden des Baues erhalten: das schöne Portal (S. 104) mit den von Löwen gekrönten Säulen und dem Allianzwappen über der Mitte des Torbogens, der Treppenaufgang (links), welcher sich durch eine merkwürdige Pfeilerstellung auszeichnete und der Treppenturm (rechts) mit seinem eigentümlichen Aufbau, dem sogenannten Wendelstein.

Wedelgasse

Dies ist die kurze Straße, welche vom Paulsplatz nach der Neuen Kräme führt und ihren Namen von dem Haus zum Wedel (ehemals Widdel oder Widder), Ecke der Neuen Kräme (Nr. 1) hat. In dem Gebäude links befand sich längere Jahre eine Postfiliale, rechts sehen wir die Häuser „Goldener Schwan" mit dem Eingang zur Römerhalle vom Paulsplatz aus und daneben verkürzt das Haus „Wannebach". Dazwischen erscheint ein Teil des Römerbergs, die ehemalige „Schwanenapotheke" und das Dietz'sche Haus, die beide (1902) niedergelegt wurden, jetzt Eingang der Braubachstraße.

Neue Kräme vom Römerberg aus

„Unter der Neuen Kräme" erhielt ihren Namen von den Kramläden, die im 16. Jahrhundert errichtet wurden. Unter den Häusern, die durch den Durchbruch der Braubachstraße (1902) niedergelegt wurden, befand sich auch das Haus zum „Weißen Schwanen" die ehemalige „Schwanen-Apotheke"bzw. Hörle'sche, vormals Salzwedel'sche Apotheke. Sie bildete das stumpfe Eck von der Neuen Kräme und vom Römerberg. Das Haus war 1378 von Conrad Rohrbach angekauft worden und scheint, wie Battonn bemerkt, schon 1537 eine Apotheke gewesen zu sein, und 1581 wurde sie urkundlich als eine solche genannt. In dem Haus nebenan, Neue Kräme Nr. 5, befand sich ein Turmzimmer, das im städtischen Museum wie es war Aufstellung gefunden hat. Das auf dem Bild rechts teilweise sichtbare Haus (Nr. 38) ist das Dietz'sche Haus, ehemals zum „Kranich", bezüglich dessen wir auf die Seite 95 hinweisen.

Kruggasse 10

Dieses alte Gebäude, dessen Hofraum mit Anbauten in dem Bild wiedergegeben ist, hat, wie Battonn berichtet, ein besonderes Interesse dadurch, dass sich darin ums Jahr 1553 bereits eine Druckerei befand, worin u. a. Hermann Gielfferich Luthers kleinen Katechismus druckte, obgleich als Drucklokal „Schnurgasse zum Krug" angegeben ist. Das Haus Kruggasse 10 (alte Nummerierung: Lit. L. Nr. 82) hieß „Zum Krug". Wie an vielen alten Frankfurter Häusern sehen wir auch hier in dem Hofbau einen Eckpfosten des Unterbaues mit zierlichen Holzschnitzereien versehen.

Ecke der Paulsgasse und Buchgasse

Die heutige Paulsgasse führte früher den Namen Kaltelochgasse. Das Abbildung links gewährt einen Ausblick auf die Paulsgasse, wie man ihn noch bis Ende des 19. Jahrhunderts hatte, jetzt (1904) hat sich dies wesentlich geändert, da die ganze nach Norden gerichtete Seite der Straße den Neubau des Rathauses zeigt. Während wir links auf dem Bild das Eckhaus „Kleiner Goldstein“ (Ecke des großen Kornmarkts) sehen, zeigt das Eckhaus (Ecke der Buchgasse) links den „Großen Goldstein“. Das letztere Gebäude ist rechts abgebildet, wo wir seine nach Norden (gegen den großen Kornmarkt) gerichtete Fassade erkennen.

Die Deutsch-reformierte Kirche

Anstelle dieses Betsaales standen ursprünglich vier Häuser: „Krone", „Stern", „Friburg" und „Heussenstamm", welche der damals reichste Mann von Frankfurt, Claus Stalburg, erwarb und niederlegen ließ. Im Jahre 1436 ließ er sein Stammhaus erbauen und nannte es „Groß-Stalburg". Es war im gotischen Stile ganz in Stein erbaut mit Zinnen und unbedeckten Ecktürmchen an beiden Seiten der Fassade; über dem Tor war ein Madonnabild angebracht und das Tor selbst war mit einem prachtvollen Eisenwerk versehen. An der linken Seite des Hauses befand sich ein runder Erker, in hoher Spitze auslaufend. In diesem Erker war der Altar der Hauskapelle angebracht. Dieser Altar zeigte ein Gemälde „die Kreuzigung Christi" mit zwei Altarflügeln, auf der einen Seite das Bildnis Claus Stalburgs im Alter von 35 Jahren, auf der anderen Seite das der Gattin Margarethe im Alter von 20 Jahren mit der Umschrift: „Also was ich Gestalt do ich zwanzig Johr was alt." Während die letzteren Bilder sich jetzt im Städel'schen Institut befinden, ging das Hauptbild bei einem Brande in Hanau zugrunde. Obschon Claus Stalburg, der keine Erben hatte, testamentarisch bestimmte, dass jedes Mal der älteste vom Mannesstamm das Haus besitzen und dazu die Stalburger Öde mit noch ansehnlichen Gefällen erhalten sollte, so willigte doch der Rat auf das Gesuch der beiden reformierten Gemeinden am 15. November 1787 auf Errichtung zweier Bethäuser ohne Türme und Glocken ein, dass die Familie Stalburg das Stammhaus für die Summe von 45 000 Gulden veräußern dürfe. Im Jahre 1789 verschwand das Haus mit allen seinen Altertümern. Nachdem die deutsch-reformierte Gemeinde das Haus in Besitz genommen hatte, wurde im Januar 1791 der Grundstein gelegt und das Richtfest gefeiert. Das Bethaus ist nach den Plänen des Baumeisters Hesse gebaut und nahm mit dem Ankaufspreis die Summe von 144 000 Gulden in Anspruch. Seitdem ist die Kirche mehrfach renoviert worden und im Jahre 1893 konnte sie die 100-jährige Feier ihrer Einweihung begehen. Jetzt (1904) befindet sich darin der Betsaal der deutsch-katholischen (freien religiösen) Gemeinde. Der auf dem Bild befindliche Bau links neben der Kirche war das Schönemann'sche Haus, großer Kornmarkt 15, das früher den Namen Tiebeneck, nachmals Löweneck führte.

Der Römerberg bildet eine althistorische Stätte als Vorraum der kaiserlichen Pfalz, wo nach altem Herkommen feierlich Hof gehalten, die Reichsbeschlüsse kundgegeben, Turniere und geistliche Fastnachts-Vorstellungen gehalten wurden sowie auch Exekutionen durch Schwert und Feuer daselbst zur Vollstreckung kamen. In der ersten Zeit, als die deutschen Könige noch in Frankfurt zeitweilig residierten, durfte der Platz nicht bebaut werden und der erste Bau, der errichtet wurde, war wohl die Nikolaikirche. Später wurde den Bürgern erlaubt, gegen jährliche Grundzinsen Wohnstätten darauf zu errichten, so die Häuserreihen nach dem Markte zu, ein Teil der Bendergasse etc. Auch Fleischscharne und Fischhütten erschienen zeitweise auf dem Platz, letztere noch bis in die erste Hälfte des 19. Jahrhunderts. 1876 kamen die ersten Messbuden auf den Römerberg. Unter „Römerberg“ ist eigentlich nur der westliche Teil zu verstehen, während der östliche den Namen „Samstagsberg“ führt. Auf diesem letzteren erhebt sich der monumentale „Justitia- oder Gerechtigkeitsbrunnen.“ Der Stadtbaumeister Benedict errichtete denselben im Jahre 1543. Aus dem Brunnentrog erhob sich anfänglich eine Röhre von Tannenholz mit einem zinnernen Knopf, dem die Wasserstrahlen entsprangen; wollte sich ein Jude verheiraten, so hatte er ein messingenes Rohr zu dem Springbrunnen zu geben, später wurde dies gegen 4 Goldgulden, die das Bauamt erhob, umgewandelt. Im Jahre 1594 wurde der ursprünglich glatte steinerne Trog mit einem Basrelief, Simson mit dem bezwungenen Löwen darstellend, geziert; im Jahre 1610 wurde ein mit den Relieffiguren der Tugenden geschmückter, viereckiger, steinerner Brunnenstock aufgestellt, welcher auf einem mit blasenden Sirenen geschmückten Aufsatz die vom Bildhauer Johann Kocheisen gefertigte Figur der Gerechtigkeit mit Schwert und Waage trägt. Im Jahre 1874 hatte Bildhauer Aug. v. Nordheim einen neuen Renovations-Entwurf im Modell ausgearbeitet, dessen Ausführung aber durch den Tod des Künstlers vereitelt wurde. Im Jahre 1887 unternahm es der hiesige Bürger Gustav D. Manskopf, seiner Vaterstadt eine Schenkung mit dem Neubau des Brunnens zu machen. Unter vollständiger Anlehnung an das alte Werk arbeitete Bildhauer Friedrich Schierholz ein neues Modell aus, das durch den Nürnberger Professor Chr. Lenz in Erz gegossen und mit einem zierlichen schmiedeeisernen Gitter nach dem Entwurf von Alexander Linnemann umgeben wurde. Der Hintergrund auf dem Bild zeigt eine oben erwähnte Reihe von Häusern nach dem Markte zu, deren Ecke nach dem Markte das alte interessante Haus „Zum Engel“ zeigt. Hinter dem Justitiabrunnen sehen wir auch noch den Samstagsbrunnen mit der Statue der Minerva und deren mit dem Medusenhaupte versehenen Schilde gegenüber dem Haus „Zum Schieferstein“. Auf dem Samstagsberg wurde bei Krönungen der Brunnen errichtet, aus dessen Röhren dem Volke Wein gespendet wurde. Der hölzerne Reichsadler, der auf dem Brunnen angebracht war, befindet sich heute (um 1900) noch im städtischen Museum.

Nikolaikirche

Auch auf diesem Bild erblicken wir die beiden zuvor erwähnten Brunnen. Hinter dem Justitiabrunnen erhebt sich die Nikolaikirche. Sie wurde im Jahre 1142 unter König Konrad III. als *Capella regia* dem Schutzpatron gegen Wasserfluten, Bischof Nikolaus von Myra, geweiht. Urkundlich ist sie erst 1264 erwähnt. Im Jahre 1292 hob Adolf von Nassau die Selbstständigkeit der Kapelle auf und sie wurde dann dem Domstift unterstellt, das Patronatsrecht blieb jedoch Adolf und seinen Nachfolgern vorbehalten. Die Kirche wurde 1530 vom Rat geschlossen und von da ab als Getreidespeicher und Warenlager benutzt; erst 1721 wurde sie wieder ihrem ursprünglichen Zwecke anheimgegeben und am 10. Dezember eingeweiht. Im Jahre 1813 wurde sie abermals als Warenlager verwendet, auch wurden darin jahrelang Messbuden aufbewahrt und erst 1847 fand am 5. Dezember die Wiedereröffnung für den evangelisch-lutherischen Gottesdienst statt: Damals wurde auch der gusseiserne Turmhelm aufgesetzt und wurden Decke und Wände von J. Mössinger ausgemalt. Die Turmspitze war früher mit Schiefer gedeckt. Im Frühjahr 1902 stürzte plötzlich ein Stück dieses Turmaufsatzes herab. Nach eingehender Untersuchung wurde der ganze Helmaufbau als in sehr schlechtem Zustand befindlich erachtet und derselbe vollständig abgebrochen. So steht der Turm jetzt (um 1900) als eine Ruine da.

Samstagsberg mit Dom

Wir haben hier ein hochinteressantes Bild der Altstadt vor uns. Es ist ein Teil des öfter erwähnten Samstagsberges und der Fortsetzung der Häuserreihe, die wir auf Seite 110 hinter dem Gerechtigkeitsbrunnen und auf Seite 111 in der linken Ecke sehen. Das vorstehende Eckhaus in der Mitte zeigt die heutige (um 1900) Wirtschaft von E. Heyland und das Plätzchen, in dem sich der Eingang zu dem Frankfurter Hängeviertel und zu dem Haus „Kleiner Römer", bekannt durch den Pfeiffer'schen Roman „Der Mann aus dem Römer", befindet. Die Ansicht stammt aus dem Jahre 1869.

„Am Samstagsberg“

Es machte früher einen Teil des Vikarienhauses S. Nikolai aus. Bei diesem Haus zwängt sich das ehemalige Flößergässchen hin. Durch das verschwundene Haus „Fleischer“ fällt jetzt (um 1900) der Blick auf die Häuser zum „Laubenberg“.

Rapunzelgässchen

Das Rapunzelgässchen ist das Gässchen, das sich vom Markt aus nach der Goldhutgasse zieht und in das die Häuser der östlichen Seite des Römerbergs mit ihren Rückseiten ausmünden; bei dem Haus zum Laubenberg gibt es eine Verbindung zum Nachbarhaus über die Gasse, die eine der engsten in Frankfurt ist.

Römerhöfchen

Vom Römerberg gelangt man durch die östliche Römerhalle zu dem hinter dem Haus Silberberg liegenden Römerhöfchen, in welchem sich das reizende Treppentürmchen befindet, das den Eingang zu den Stadtverordneten-Lokalitäten bildet. Über dasselbe ist bereits auf Seite 93 berichtet worden. Bei dem Umbau des Römers haben auch hier vielfache Veränderungen stattgefunden. Bei dem Verlassen der Halle begegnete man früher zuerst einem kleinen Vorhäuschen (eine Art Glashäuschen), in dem sich die Römerwächter befanden, vielfach auch die rotgekleideten Hellebardiere. Ein zweites, fes-

ter gebautes zweistöckiges Haus außerhalb der Halle war die eigentliche ehemalige Römerwache, worin sich auch ein Polizei-Büro befand (Bild oben links). Einem Teil der letztgenannten Römerwache begegnen wir auch in der Abbildung oben rechts. Gegenüber diesem sehen wir auf dem Bild eine der beiden an dem Eingang zum westlichen Seitenbau des Hofes stehenden Torsäulen in Spätrenaissancestil. Auf Seite 114 (Bild rechts) ist der Vorraum vor dem Eingang zum Ratszimmer mit seiner einfachen Schieferüberdachung abgebildet.

Das Salzhaus

Das Salzhaus bildet die Ecke des Römerbergs und der Wedelgasse. Über die Geschichte des Hauses haben wir auf Seite 93 bereits eine kurze Notiz gebracht. Das Haus bildet ein prächtiges Beispiel Frankfurter Holzarchitektur. Auf dem Unterbau von fazetierten Quadern erheben sich fünf Stockwerke, die in einem steilen Giebel enden, von unten bis oben zur äußersten Spitze mit Schnitzereien in Eichenholz gearbeitet. In der Fassade unter den Fenstern des ersten Stockwerks sind außer anderen Ornamenten die vier Jahreszeiten dargestellt, an den anderen Stockwerken in reicher Zahl heraustretende Köpfe, Blumen, Früchte und anderer Zierrat. Die Fassade nach der Wedelgasse zeigt breite Flächen mit Freskomalerei. Diese Malereien sind von dem Maler Karl J. Grätz und die Bildhauerarbeiten von E. Hartherz renoviert worden.

Über das daneben stehende Haus Frauenstein haben wir ebenfalls auf Seite 93 berichtet. Auch dieses ließ die Stadt ebenfalls vom Maler J. Grätz renovieren; es zeigt die gemalten Büsten von Agrippina, Seneca, Sappho, Homer und Phryne, Demeter und Hephaistos, landschaftliche und architektonische Darstellungen.

Ehemalige Römergasse

Auf Seite 94 ist bereits mehrerer Bauten des alten Römers gedacht, welche bei der Einrichtung des neuen Rathauses weichen mussten. Sie zogen vom Paulsplatz nach der jetzt verschwundenen Römergasse. Diese Straße ist auf Seite 94 in Verkürzungen sichtbar und zugleich ein Teil des Hauses „Goldner Schwan" nebst dem daran stoßenden Archivturm. Dieser Archivturm ist in nordwestlicher Ansicht bemerkbar, woran sich der große Römerhof und daran das Haus Frauenrode und die Viole (früher aus den zwei Gebäuden Nyden und Viole bestehend) anschließt. Hier befanden sich früher die Ratsstube und die Schreiberei und später die Stadthauptkasse. Diese Gebäude, von denen sich der Archivturm mit seinem schönen oberen Gesimse, die Viole mit ihrem aus einem offenen Wehrgang herausragenden spätgotischen, von Konsolen unterstützten Erker und dem an der Vorderseite befindlich gewesenen Adler mit der Inschrift: „Benedictum sit nomen domini nostri Jesu christi, anno salutis MDXI", baulich auszeichneten, wurde 1902 niedergelegt. Dieser Adler ist gegenwärtig (um 1900) neben dem Durchgang des neuen Rathauses an der Südseite eingesetzt.

Limpurgergasse

Die Limpurgergasse führte früher den Namen Alhartsgasse, später wurde sie zusammen mit der benachbarten Kerbengasse als Bäckergasse angeführt. Am Anfang des 20. Jahrhunderts war sie als „Hinter dem Römer" bezeichnet. Sie ging vom Römerberg bis zu dem ehemaligen Haus Schwarzenfels, das mit den übrigen Bauten niedergelegt wurde. Das Eckhaus am Römerberg, jetzt zum größeren Teil umgebaut, ist das Haus Laderam-Alt-Limpurg. Über dieses und das benachbarte ehemalige Haus Silberberg findet sich Näheres auf Seite 93. Wir wollen hier nur ergänzend anführen, dass zur Zeit der Gesellschaft Alt-Limpurg das Haus besonders zur Messzeit für Zwecke des Handels vermietet wurde, namentlich hatten die Gelnhäuser Wollenweber dort ihre Verkaufsstätte. Auf vorliegendem Blatt sehen wir die Häuser Laderam-Alt-Limpurg und Silberstein noch in ihrem vor dem Umbau und der Renovierung befindlichen Zustande.

An der Hauptwache

Die Anlage, welche heute (um 1900) den Namen „Schillerplatz" trägt, war in alten Zeiten ein Teil des Rossmarktes und gehörte damals zur Neustadt. Im Jahre 1712, als der Platz der Garnison zum Exerzieren und zu Paraden zugewiesen wurde, erhielt er die Bezeichnung „Paradeplatz". Während in den älteren Zeiten die an dem dort stehenden Galgen (Soldatengalgen) vollführten Strafen Neugierige anzogen, dem aber im Jahre 1729 durch Entfernung dieser Richtstätte ein Ende gemacht wurde, befanden sich hier später und noch in der Mitte des 19. Jahrhunderts zur Messzeit zahlreiche Sehenswürdigkeiten, namentlich der Circus. Als man im Jahre 1865 das Schillerdenkmal dort aufstellte, wurde der Platz mit Baum- und Gebüschanlagen versehen und erhielt seinen jetzigen Namen. Auf dem Bild gewahren wir die Ansicht des Platzes vom Rossmarkt aus, wie sie sich im Jahre 1869 darstellte und auch, wenig verändert, gegenwärtig (1904) noch zeigt. Im Hintergrund sehen wir die damals noch stehenden älteren Gebäude, das alte Wolfseck und das Haus Bavaria vor seinem Umbau und zuäußerst links das frühere Café und Restaurant Rauch.

Die Hauptwache

Das Bild zeigt die im Text auf Seite 119 erwähnte Hauptwache (aufgenommen 1865). Eine frühere Wache (Corps de Garde), die Vorgängerin der nachstehenden war im Jahre 1671 erbaut worden. Die neue Hauptwache mit ihren Schwibbogen wurde 1729 und zwar etwas mehr nach der Katharinenpforte zu errichtet. Der Erbauer derselben war der Stadtbaumeister Jos. Jakob Somsammer, der Verfertiger des plastischen Schmuckes (Symbole des Kriegshandwerks) und Frankfurter Adlers war der Bildhauer Bernhard Schwarzenburger. Dr. jur. Erasmus Senckenberg wurde hier 26 Jahre lang, vom 10. Mai 1769 bis zu seinem Tode am 2. Juni 1795, wegen Fälschung, Verleumdung des Rats und Verbreitung von Schmähschriften gefangen gehalten. An dieser Hauptwache soll Custine 1792 dem Volke zugerufen haben: „Ihr habt deutsche Kaiser krönen sehen, ihr werdet keine mehr sehen." Hier nahm am 3. April 1833 der Studenten-Krawall seinen Anfang. Nach dem Einzug der Preußen 1866 wurden hier die Senatoren Bernus und Dr. Spelz mehrere Stunden in Haft gehalten. Am 16. Juli 1866 war die Hauptwache zum letzten Male von dem Frankfurter Linienbataillon bezogen worden und der letzte kommandierende Offizier war Oberleutnant Jos. Karl Bruder. Durch den Vertrag vom 26. Februar 1868 kam die Hauptwache in den Besitz der preußischen Regierung. Die beiden Kanonen an der Hauptwache wurden in das Berliner Zeughaus überführt. Im Jahre 1901 wurde von dem Magistrat den Stadtverordneten eine Vorlage wegen Geländeaustausches mit der Regierung unterbreitet. Die Stadt soll einen an der Ecke des Hohenzollernplatzes und der Westendstraße gelegenen Platz, der dem Fiskus bis Januar 1902 an die Hand gegeben war, für die Summe von Mk. 518 520 käuflich erwerben und darauf ein Gebäude für das Generalkommando nach zu vereinbarenden Plänen errichten, dessen Baukosten Mk. 650 000 nicht überschreiten sollen. Als Gegenleistung erhält die Stadt die mit Mk. 540 000 in Anrechnung gebrachte Hauptwache, die Taunustorwache und einen Teil des Kommandantur-Gartens in der Hochstraße, sowie Mk. 610 000 in bar. Im Dezember war man über diese Punkte übereingekommen, wobei zu bemerken ist, dass der Erwerb des Grundstücks am Hohenzollernplatz Mk. 559 020 kostete. Am 28. Dezember 1903 Mittags 12 Uhr zog die Ablösungsmannschaft der 11. Compagnie des 81. Regiments unter den Klängen der Militärkapelle nach der neuen Hauptwache am Gallustor. Das Schicksal der nunmehr städtischen Hauptwache blieb bis zum Ausgang des Jahres 1904 noch unentschieden.

Zum goldenen Brunnen an der Hauptwache

Auf dem Bild erscheint noch das Ende des 19. Jahrhunderts einem Neubau gewichene Haus „Zum goldenen Brunnen", in welchem „Frau Aja", Goethes Mutter, nach dem Verkauf des Besitztums auf dem großen Hirschgraben 1795 bis zu ihrem am 13. September 1808 erfolgten Tode wohnte. Das daneben stehende Eckgebäude führte ehemals den Namen „Zum Großen Reifenberg". In diesem Haus befand sich bis in die Mitte des 19. Jahrhunderts der vornehmste gesellige Verein Frankfurts, das „Casino", sowie der „Abendzirkel". Auch dieses Haus ist seit 1886 verschwunden und an seiner Stelle ist das monumentale Geschäftshaus der Stettiner Versicherungsgesellschaft „Germania" entstanden.

Die oberen Stockwerke lassen an den bereits entfernten Fenstern erkennen, dass die Gebäude noch kurz vor dem Abbruch aufgenommen wurden.

Der Steinweg

Das Bild bietet nach einer Seite hin eine Fortsetzung des Bildes auf Seite 121, links erblicken wir noch das Haus zum Goldenen Brunnen; rechts an der Ecke des Steinwegs zeigt sich das ehemalige Netz'sche Haus. Der Steinweg, in den ein Einblick gewährt ist, hatte eine ganze Reihe von Gasthäusern aufzuweisen, von denen heute (um 1900) noch zwei vorhanden sind: der „Weidenbusch" (jetzt Hotel Union) und der „Weiße Schwan", in welch letzterem bekanntlich am 10. Mai 1871 der „Frankfurter Frieden" geschlossen wurde. An diesen Gasthöfen standen vor Eröffnung der Eisenbahnen die sogenannten Retourchaisen. An den Chaisen hingen kleine Täfelchen, worauf mit weißer Kreide die Stadt bezeichnet war, wo die „Kutsche" zunächst hinfuhr. Um das Jahr 1400 wurde die Straße mit Steinen gepflastert, daher der Name Steinweg.

Der Goetheplatz

Seinerzeit ein rechter Tummelplatz für die Jugend, aber auch als Erholungsstätte bei den Erwachsenen beliebt, hieß dieser Platz in älterer Zeit, da er auch einen Teil des Pferdemarktes (Rossmarkts) ausmachte, die „Rossallee". Er war anfänglich mit Linden bepflanzt; im Jahre 1712 statt deren mit Kastanien besetzt, führte er nun den Namen Kastanienallee, den er wiederum in Lindenallee vertauschte, als 1745 abermals Linden gepflanzt worden waren. Danach kam die Bezeichnung „Stadtallee" oder kurz „Allee" auf, bis man ihn nach Errichtung des Goethestandbilds 1844 in Goetheplatz umtaufte. Nach Ausrottung der Lindenbäume im Jahre 1890 wurde der Platz durch Anlegen von Gebüsch und Blumenbeeten und jungen Bäumen in einen Schmuckgarten umgewandelt. Im Jahre 1790 war an dem Platz der Betsaal der französisch-reformierten Gemeinde errichtet und 1793 eingeweiht worden. Neben dem Betsaal befand sich früher das Gasthaus „Zum Goldenen Ross", später „Holländischer Hof", nach dem Neubau 1887 „FrankenBräu" (nunmehr „Kaiserhof") genannt.

Kalbächer Gasse

Die Kalbächer Gasse geht vom Theaterplatz aus und mündet in die große Bockenheimer Straße, wo diese ihre größte Breite hat. Das Plätzchen, das dort gebildet ist, heißt von den ältesten Zeiten her die „Saualle", da sich dort ein Teil des Schweinemarkts befand. Eine dort befindlich gewesene, im Jahr 1614 ausgefüllte Wasserpfule (Wede) hieß die Sauwede; später wurde der Platz mit Bäumen bepflanzt, die jedoch 1790, an dem Wahltage Kaiser Leopolds II., entfernt wurden, um einer großen Bretterbude für die französischen Schauspieler Raum zu schaffen. Neben dem auf dem Bild sichtbaren Fachwerkhaus befindet sich eine Sackgasse, die den Namen Strohschnittergässchen führte und auf den „Kühhornhof", große Bockenheimer Gasse 2 (ehemals Heitefuß'sches Haus) stieß.

Kastenhospitalgasse

Wenn man durch die heutige Börsenstraße wandelt, drängt sich die Erinnerung auf, wie sich dieser Straßenteil seit Mitte des 19. Jahrhunderts verändert hat. Ein ganzer Block mit Haus, Hof und Garten ist in dieser Straße aufgegangen. Diese war auf der einen Seite begrenzt vom Taubenhof, auf der anderen von der Kastenhospitalgasse und all dies bildet die heutige Börsenstraße. Wo jetzt (um 1900) die Elisabethenschule ihre stattliche breite Fassade zeigt, stand früher die Anstalt für Irre und Epileptische, die als Irrenhaus oder im Volksmund als „Tollhaus" bezeichnet wurde. Den humaneren Anschauungen der neueren Zeit und namentlich der großherzigen Beihilfe des Freiherrn Ludwig von Wiesenhütten, der ein Legat von 100 000 Gulden testamentarisch zusicherte, verdankt man die Verlegung dieser Anstalt nach der Höhe des Affensteiner Feldes, wo nach den Plänen des Architekten Oskar Pichler ein zweckdienliches Gebäude errichtet und 1875 bezogen wurde, in welchem solche Kranke geeignete Unterkunft finden. Auch der übrige, nach der Kalbächer Gasse zu gelegene Teil der alten Kastenhospitalgasse ist bis auf ein einziges Haus, das ehemalige Enders'sche, umgebaut. An der Ecke der Kalbächer Gasse steht heute (um 1900) das große Gebäude der Frankfurter Gewerbekasse.

Kalbächer Gasse

Dieses Blatt bildet gewissermaßen eine Ergänzung des vorhergehenden. Wir sehen in der Mitte, links vom ehemaligen alten Schauspielhaus, das Gebäude, das den ganzen Raum zwischen dem Taubenhof und der Kastenhospitalgasse einnimmt. Es ist das vormals Groote'sche Haus, das früher den Namen Drachenfels oder Drachenfelshof führte. Es war im 16. Jahrhundert von Johann Maximilian von Lersner und seiner Ehefrau Anna Salome Kraft erbaut, der auch oben im Giebelfeld sein Familienwappen anbringen ließ. Nach seinem Tode im Jahre 1732 verfügte seine Mutter, dass die Besitzung an ihre Tochter Johanna Rebekka, verheiratet mit dem Major Friedrich August von Grod, fallen solle. Deren Sohn Karl Ludwig, welcher sich jetzt von Groote schrieb, hat das Haus nebst anstoßendem Garten, Hofraum und anderen Gebäulichkeiten 1860 an die Stadt verkauft. Dieses Haus, in welchem sich auch zeitweise das Café Milani befand, wurde 1874 abgebrochen. Das aus dem Giebelfeld genommene Wappen wurde an dem Lukacsich'schen Haus auf dem Mühlberg angebracht. Lukacsich war mit Regine Caroline von Groote und eine Tochter aus dieser Ehe, Maria Theresia Justine, war mit dem Major Baron Carl Franz Adolf von Villan vermählt.

Bibergasse

Die Bibergasse zieht sich vom Schillerplatze bis zum Theaterplatz und hat wohl ihren Namen von dem anfänglich in der Mitte der Straße als Ziehbrunnen, später an dem Hinterbau des Weißen Schwan gestandenen Biberborn bekommen. Seit dem Jahr 1872, zu welcher Zeit die Aufnahme des Bildes stattfand, ist die Straße fast gänzlich umgebaut worden. Von einem Dietzels Denne gehörigen Hof, welcher neben dem ehemaligen Rahmhof gelegen war, hatte die Gasse den Namen Dennengasse geführt und zog sich vom Wolfseck bis zur großen Bockenheimer Straße, umfasste also damals Bibergasse, einen Teil des Theaterplatzes und Kalbächer Gasse.

Sachsenhäuser Warte

Die Sachsenhäuser Warte ist die vornehmste der vier noch bestehenden Warten um Frankfurt. Einer solchen wird zuerst 1396 Erwähnung getan, sie stand an anderer Stelle und war aus Holz gebaut. 1404 wurde dann eine steinerne Warte auf dem neuen Berge hinter dem Deutschherrenhaus erbaut, die aber von den Falkensteinern zerstört wurde. Die jetzt noch stehende Warte entstand 1470 und hatte manche Proben ihrer Festigkeit abzulegen, so 1519 in der Fehde der Stadt mit Franz von Sickingen. Bei der Belagerung von den Brandenburgern 1552 wurde sie in Brand gesetzt, ebenso 1634 von den Kroaten. Im Jahre 1867 wurde das Wohngebäude in der Warte niedergelegt und eine neue Dienstwohnung für den Forstmeister errichtet.

Haus Mylius, Bibergasse 3

An der Stelle des ehemaligen Rüth'schen Hauses, früher Roseneck, dann „Zum Schwarzen Bären“, steht heute (um 1900) das Haus des Fotografen Mylius. Wir sehen dessen hintere Seite in seinem früheren Bestand; es bietet ein interessantes Bild der Bauweise unserer Vorfahren, namentlich in Bezug auf die Schieferbedeckung, mit der der ganze Bau nebst seinem Treppenbau bekleidet ist. In diesem Haus wurden die ersten fotografischen Abbildungen von Frankfurt hergestellt. Niedergelegt wurde es im Jahre 1888.

Schillerplatz und Bibergasse im Jahre 1875

Auf diesem Blatt erscheint der Schillerplatz von der Zeil aus gesehen, auf der rechten Seite die Bibergasse, hinter den Bäumen des Platzes die Fassade der Häuserreihe von der Bibergasse nach dem Steinweg, darunter namentlich der Pariser Hof vor dem Neubau. Der Pariser Hof steht an der Stelle, wo vordem der Gasthof „Zum Schwarzen Bock" stand, in welchem Schiller 1784 eingekehrt war. Unter dem Schillerplatze befindet sich die Umformstation des städtischen Elektrizitätswerks, die Räume für Maschinen, Akkumulatoren, Apparate etc.

Das Steinerne Haus

Das Steinerne Haus kann als ein prächtiges Beispiel gotischer Architektur betrachtet werden und ist eines der ältesten Gebäude der Stadt Frankfurt. Ursprünglich standen an seiner Stelle zwei Häuser: „Rauchfass“ und „Bornfleck“. Ein reicher, aus Köln hierher gezogener Kaufherr, Johann von Melem, kaufte diese, ließ sie 1464 niederlegen und an ihrer statt das Haus erbauen, das allgemein, weil es, im Gegensatz zu den meist mit Holzkonstruktion errichteten Gebäuden aus Steinmaterial bestand und das „Steinerne Haus“ genannt wurde. Über dem spitzbogigen Tor des Erdgeschosses befand sich früher in einer rechtwinkeligen Nische das Wappen der Familie Melem, ein roter Krebs im weißen Felde. Die rechts und links befindlichen Fenster, welche mit Rundbogen und schönem Gitterwerk versehen waren, sind durch eingebaute Warenerker leider verunstaltet. Über dem Erdgeschoss erheben sich zwei Geschosse mit schöner Fensterverteilung und über der obersten Fensterreihe befindet sich ein zierliches Kranzgesims, über welchem vor einem Wehrgang steinerne Zinnen angebracht waren, deren Einschnitte aber im Jahre 1842 hinweggebrochen wurden, sodass eigentlich nur noch eine Steinwand sichtbar blieb; an diese schließen sich an beiden Ecken zinnengekrönte gotische Giebeltürmchen an. Von hier aus ragt das dreigeschossige hohe Dach empor.
An der nach dem Römerberg zugekehrten Ecke des Hauses erhebt sich, vom mittleren Geschoss ausgehend, auf einem Sockel eine Madonna mit dem Jesuskind in vorzüglichster Ausführung; leider war 1872 der darüber befindlich gewesene, fast vier Meter hohe, mit Fialen und Wimpergen versehene Baldachin im blinden Eifer herabgeschlagen worden, (einzelne Bruchteile davon werden im Historischen Museum aufbewahrt). Während der vordere Teil des nach der Straße gelegenen Toreinganges in einfacher Holzkonstruktion gehalten ist, zeigt der hintere Torteil ein zweijochiges Netzgewölbe mit Laubwerk und Wappen der Familie Melem. Im Mannesstamme war die Familie Melem 1654 ausgestorben und das Haus kam in den Besitz der Ganerbschaft Bornfleck. Im Jahre 1704 findet sich das Haus als „Gasthof“ verzeichnet. 1848 kam es in den Besitz der Stadt. Dieses ausgezeichnete alte Bauwerk zu erhalten wurde natürlich allgemein gewünscht und beim Durchbruch der Braubachstraße auch entsprechend beachtet. Namentlich war es die „Frankfurter Künstlergesellschaft“, welche hierbei das größte Interesse betätigte. Es ist auch vorgesehen, dass dieser Gesellschaft zweckentsprechende Räume gegen mäßigen Mietpreis zur Verfügung gestellt werden.

Hinter dem Lämmchen, Haus zum Mohrenkopf

Unter der Bezeichnung „Hinter dem Lämmchen" versteht man die kurze Straße, welche von der Neugasse nach dem vom Mohrenkopf und dem Eingang zum Nürnberger Hof gebildeten Winkel läuft. Über einzelne Gebäude in dieser Straßenstrecke sind bereits auf Seite 12 und 13, Seite 18 und 25 sowie Seite 88 bildliche Darstellungen gebracht.

Das quer stehende Haus auf vorliegendem Blatt ist das Haus „zum Mohrenkopf", vormals „Hanau" geheißen. Nach dem Markte zu stößt dasselbe auf das alte Zunfthaus der Kürschner, das auch den Namen „Kürschner-Laube" führte. (Nach Battonn verstand man unter Laube eine Vorhalle oder ein auf Säulen gestütztes Gemach, das vor dem eigentlichen Wohnhaus lag und den Zugang hierzu bildet). Der Mohrenkopf ist ein fensterreiches Haus mit starken Vorbauten und fünf Stockwerken. An der Ecke nach dem Markt zu zeigt es als Tragstein einen Mohrenkopf.

Nürnberger Hof, Eingang vom Alten Markt

In dem vorher erwähnten Winkel befindet sich das äußere Eingangstor zu dem Nürnberger Hof. In den eigentlichen Nürnberger Hof gelangt man indes erst durch den einen Zweigbau tragenden Torbogen, dessen Wölbung zwischen den Pforten zierliche gotische Rippen zeigt, die an ihren Berührungsstellen mit Wappenschilden abschließen. Das Bild des inneren Hofes und seiner Bauten sowie Näheres über dieselben findet sich bereits in dem Text auf Seite 33 dieses Werkes. Wir müssen aber hier erwähnen, dass der „Nürnberger Hof" infolge des im Jahre 1904 ausgeführten Durchbruchs der Braubachstraße sein früheres Aussehen gänzlich verloren hat und das Hauptgebäude, in welchem einst deutsche Fürsten abgestiegen waren, Jacob Heller mit seiner Gemahlin wohnte und Albrecht Dürer verkehrte, niedergelegt ist. Aber auch in die übrigen Gebäulichkeiten haben die Zeitbedürfnisse gewaltige Breschen geschlagen.

Nürnberger Hof, Torweg

Während der oben angeführte gewölbte Torbogen mit seiner schönen mittelalterlichen Wölbung, der von dem künstlerischen Sinn seiner Erbauer zeugt, wie wir auf dem Bild sehen, von der Vernichtung noch verschont blieb, ist der westliche Anbau im Hofe gleich dem Hauptbau bereits niedergelegt.

Nürnberger Hof, Ostseite

Aus dem Bild auf Seite 33 haben wir bereits ersehen, dass dieser Bau nur zwei Stockwerke hoch war. Er diente im unteren Teil als Warenlager, namentlich zu Messzeiten und Werkbetrieben. Vor allem hatten die Nürnberger Kaufherren, wenn sie die einträglichen Frankfurter Messen besuchten, hier die Ausstellung ihrer aus dem weiten Osten hergebrachten Waren und boten sie zum Verkauf feil. Die großen, hoch beladenen, mit Tüchern überspannten Güterwagen fuhren im Hofe aus und ein und schufen ein bewegliches Treiben. Nach dem Niedergange der Messen war das Gebäude lange Zeit dem Geschäft der Güterschaffner gewidmet. Auch diese Baulichkeiten sind niedergelegt und die neue Straße wurde nach der hier durch einen Kanal geleiteten Braubach „Braubachstraße" benannt.

Neugasse vom Hühnermarkt aus

Wie bereits auf Seite 88 links mitgeteilt ist, war die Neugasse früher keine durchgehende Straße, wie sie es in ihrer Richtung von der Schnurgasse zum Hühnermarkt ist, sondern endete in der Nähe des Letzteren bei dem Stadtgraben. Infolge des Durchbruchs der Braubachstraße hat jetzt die Neugasse durch Niederlegung des Torbogens nach dem Rebstock sowie einer Anzahl Häuser auf beiden Seiten (die Häuser Nr. 3, 5, 7, 8, 9 und 10) eine große Lücke erhalten.

In früherer Zeit führte die Neugasse den Namen Erkinboldsgasse und nach der Anführung Baldencars ist anzunehmen, dass sie ihren neuen Namen bei der örtlichen Veränderung erhalten hatte.

Der Hühnermarkt

Unter dem Namen Hühnermarkt versteht man das viereckige Plätzchen, das sich bei dem südlichen Auslauf der Neugasse zeigt. Dieses Plätzchen hat vor Zeiten den Namen Vrithof (wohl von Vriten, einfriedigen) und Vreithof geführt, über dessen Herkunft und Bedeutung viel gestritten worden ist. Seinen späteren Namen Hühnermarkt hat es, weil in der Tat hier bis um die Mitte des vorigen Jahrhunderts der Hühner- bzw. Geflügelmarkt abgehalten wurde. Auf dem Plätzchen stand ein interessanter Brunnen, der aber später einem anderen Platz machte, dem sogenannten Freiheitsbrunnen, da aus missverstandener Deutung eine Figur mit der Freiheitsmütze darauf angebracht war. Dieser Brunnen ist auf das Plätzchen am Archiv versetzt worden, und auf dem Hühnermarkt steht jetzt zugleich in Form eines Brunnens das Stoltze-Denkmal von Bildhauer Schierholz. Auf dem Hühnermarkt war vor Zeiten auch die Butterwaage aufgestellt.

Von den Häusern, die das Plätzchen umgeben, möge das Eckhaus der Straße „Hinter dem Lämmchen" und der Neugasse, das jetzige Andreae'sche Haus, in welchem die aus Goethes Zeit bekannte Tante Melber wohnte, und das Haus „zum Schildknecht", nachmals auch „St. Marcus" oder „Schuhhaus" benannt, angeführt sein. Das Letztere bildet das Haus, das den Winkel rechts im Plätzchen einnimmt und die Nummer 18 trägt. Es war eine Zeit lang die Zunftstube der Schuhmacher und der heilige St. Marcus war in Lebensgröße an dem Haus abgebildet.

Neugasse 1

In dem Text zu dem Bild auf Seite 134 ist das Eckhaus der Neugasse, das Andreae'sche Haus, angeführt. Dasselbe hieß „Zum Esslingen", zu welchem früher auch das Haus „Zum Alten Esslingen" hinter dem „Lämmchen" gehörte. Es ist ein stattliches Haus, wie wir auch aus seiner Seitenansicht oben ersehen. Über dem Untergeschoss ist eine Art Zwischengeschoss, das mit schmiedeeisernen Gitterkörben versehen ist, über der Haustüre ist eine Abbildung des Hauses in Stein gehauen und eingefügt, die auch den Namen „Haus zum Esslinger" auf einem Band trägt.

Neugasse 3

Neugasse Nr. 3 bietet im Bild das neben dem vorigen gestandene Haus. Über der Brunnennische ist das in Stein gearbeitete Bild eines Lammes sichtbar, was besagt, dass dieses Haus früher zum „Lämmchen" in der Straße „Hinter dem Lämmchen" gehörte. Es ist 1904 niedergelegt worden.

Neugasse 3

Neugasse Nr. 3 zeigt den Durchbruch der Braubachstraße. Das Bild lässt den typischen Charakter der alten Häuser dieses Stadtteils mit ihrer Schieferbekleidung, den Überfängen und den zugespitzten Dachstöcken erkennen. Bei der Neugasse wollen wir noch bemerken, dass im Jahre 1707 in dem damaligen Wirtshaus „Roter Sack“ (Nr. 19) ein Feuer ausgebrochen war, das 18 Häuser in Asche legte. Ferner befand sich in der Neugasse Nr. 10 schon um die Mitte des 14. Jahrhunderts eine Badstube; das Haus stieß hinten auf den Rebstock und ist jetzt niedergelegt.

Hof Saalgasse 7

Für die Saalgasse kommen in früheren Jahren verschiedene Namen vor, im 16. Jahrhundert führte sie den Namen Saalhofgasse, welcher dann in Saalgasse abgekürzt wurde. Das Haus Nr. 7 liegt dem ehemaligen Ammelburg'schen Haus gegenüber und führte den Namen „Zum Widder“. Es ist ein großes geräumiges Haus, wie auch sein Nachbarhaus „Goldener Spiegel“, Nr. 9, in welchem früher die Zunftstube der Bäcker war.

Kruggasse

Sie bildet die Straße, welche von dem Rebstock nach der Schnurgasse führt. Auch sie hat durch den Durchbruch der Braubachstraße einen Teil ihres Bestandes eingebüßt, wie der Rebstock selbst; von ihr sind die Häuser 7, 9, 4, 6 und 8. Auf Seite 107 haben wir ein Bild des Hauses Kruggasse Nr. 10 zur Anschauung gebracht und verweisen auf den dazugehörigen Text.

Eingang nach dem Erlanger Hof

In der Mitte der Borngasse, die früher den Namen Luprandsborngasse und später kürzer Luprandsgasse führte, befand sich ehemals ein geschlossener Hof, der Iwaneshof, nachmals Färberhof genannt. Ob vor der Öffnung des Hofes und dessen Verwandlung in ein freies Plätzchen der spätere Luprandsborn schon vorhanden war, ist nicht bekannt, aber bereits in einer Urkunde von 1380 kommt der Luprandisborn „in der Pherers Gessgen" (Pfarrgasse) vor und von ihm erhielt die Luprandsgasse ihren Namen. Von dem Plätzchen aus führte ein kleines Stumpfgässchen nach dem Haus „Zum Alten Wolf", Nr. 11, welches das Gässchen schloss. Früher ein Brauhaus, behielt dasselbe seinen Namen bis zur Mitte des vorigen Jahrhunderts bei. Der „Alte Wolf" wurde nachmals umgebaut und erhielt den Namen „Erlanger Hof". Im Jahr 1848 wurde er von zur Linken gehörenden Parlamentsmitgliedern wie von anderen Gesinnungsgenossen als Zusammenkunftsort benutzt. Dieses Blatt zeigt den Ausgang aus dem Erlanger Hof (links) und den Eingang dahin (rechts) von der Schnurgasse aus durch die Mausgasse. Diese Gasse ist heute (um 1900) als solche nicht mehr sichtbar, doch steht die eine Häuserseite noch, wo sie an dem hervorragenden Erker erkenntlich ist.

Erlanger Hof

Dieses Blatt zeigt das Bild eines Teils der Hofgebäulichkeiten, namentlich das behagliche Plätzchen, das für die Sommergäste einen willkommenen Abendaufenthalt bildete; jetzt ist dies alles verschwunden und so mag das vorliegende Blatt dann für viele eine Erinnerung bilden.

Borngasse vom Domplatz aus

Alle Eigentümlichkeiten dieser Gasse, die Enge, die schmalen, an Überhängen reichen Häuser mit ihren Giebeln und niederen Verkaufsläden, sind durch Niederlegung der Gebäulichkeiten verschwunden. Wir wollen hier bezüglich der Borngasse noch erwähnen, dass das Eckhaus bei dem vorgenannten freien Plätzchen schon im Jahre 1412 als Backhaus erwähnt wird. Der letzte Besitzer vor seinem Abbruch war der Bäcker Dietrich. Bei der Niederlegung des Gebäudes zeigte sich, nachdem der Verputz abgeschlagen worden war, an den beiden Fronten eine Reihe von Holzschnitzereien, zwischen den oberen Stockwerken liefen lange Eichentafeln hin, welche mit kräftigen, ornamentalen Flachreliefs verziert waren, ebenso wiesen die Eckkanten Holzbekleidung auf. Das im Gässchen vorspringende Eckhaus hieß das Haus „Zum Wetter" und war ebenfalls ein Backhaus, in welchem die Vizen gebacken und an gewissen Tagen unter die Stiftsgeistlichen ausgeteilt wurden. Auf der rechten Seite der Straße sind noch einige der sieben Häuser ersichtlich, sogenannte Johanniterhäuser, die dem Johanniterorden gehört hatten. Links bei der hohen Brandmauer ist das Eingangstor zu dem heute noch (um 1900) stehenden katholischen Pfarrhaus zu sehen, das auf dem Bild auf Seite 139 mit seinem Garten vortritt.

Borngasse, Ecke der Schnurgasse

Das Eckhaus Nr. 15 führte den Namen „Steinheim" oder Steinheimer, auch Steinhammer. Es scheint die Zunftstube der Kannengießer gewesen zu sein und stammt aus der Mitte des 14. Jahrhunderts. Der Holzbau hat starke, von einfachen, aber kräftigen Bügen getragene Überhänge und zeigt über den eigentlichen Stockwerken einen Mansardenbau, der gleich dem dritten Stockwerk mit Schiefern bekleidet ist.

Ecke Schnurgasse und Trierische Gasse

Ecke Schnurgasse und Trierische Gasse ist dasselbe Haus von der Trierischen Gasse aufgenommen; das daneben stehende höhere Haus Nr. 17 hieß der „kleine Steinheimer" und gehörte wohl zu dem vorigen. Das dritte auf dem Bild noch erkenntliche Gebäude, Nr. 19, führte den Namen Rendel oder Rendeler und war vor Zeiten ein Backhaus. Der jetzt (um 1900) niedergelegte Bau hatte in seinem Untergeschoss zierliche Steinpfosten mit ornamentaler Ausstattung und steinerne Tür- und Fensterbogen. Auf der linken Seite sieht man einen Teil des Eckhauses Schnurgasse Nr. 20; es hat noch den Namen Trier'sche Eck, früher Kaltebach. In der letzteren Bezeichnung wurden jedoch auch die drei Häuser zwischen Trierische Gasse und Steingasse einbegriffen; es war vor Zeiten das Zunfthaus der Kürschner.

Schnurgasse

Die Abbildung der Schnurgasse gewährt einen Gesamtblick von der Trierischen Gasse aus nach dem Teil der Schnurgasse, welcher nach der Fahrgasse und jetzigen Battonnstraße führt. Aus diesem Bild lässt sich zugleich wohl erkennen, dass diese Straße sich einer besonderen Belebtheit erfreut; als letztes Haus dieses Schnurgassenteils ist das „Würzburger Eck" sichtbar.

Bendergasse

Die Bendergasse führt ihren Namen von der Zunft der Bender (Fassbinder), welche hier ihr Handwerk betrieben. Nach den alten Verordnungen war jedem mit Geräusch oder üblem Geruch verbundenen Handwerk eine besondere Gasse angewiesen. Um die Jahre 1402 und 1403 ließ noch der Senat Verordnungen ergehen, dass alle Bender in der alten Stadt, so außer der Bendergasse gesessen, bis zum künftigen Jahr in die Bendergasse oder, wenn sie da keine Wohnung erhielten, in die neue Stadt ziehen sollten; diejenigen aber, die schon zehn Jahre außer der Bendergasse in der alten Stadt wohnten, oder Häuser ererbten, sollten darin belassen werden, die Fässer jedoch nirgendwo als in der Bendergasse, in der neuen Stadt oder auch in einer Scheuer verfertigen dürfen. Die Bendergasse bildet eine der malerischsten Straßen der Stadt und ist vielfach von einheimischen und fremden Künstlern als Motiv für Bilder benutzt worden.

Häuser in der Bendergasse

Besonderes Interesse erregt dieses Bild wegen der Art und Weise, wie sich die Bauten in diesem alten, früher ungemein gewerbtätigen Stadtviertel ineinander schoben und behagliche, wenn auch enge Wohnungen boten. Es sind meist drei- bis vierfenstrige Stockwerke mit spitzen Giebeldächern, welche im unteren Geschoss Werkstätten oder Verkaufsräume, namentlich für Fleisch- und Wurstverkauf, enthalten. Die in den letzten Jahren renovierten Häuser unseres Bildes bilden die Ecke der Langschirne, wo sie zur Saalgasse führt (Bendergasse Nr. 7).

Die Saalgasse vom Fahrtor aus

Die Abbildung zeigt die untere Hälfte derselben und zur Rechten eine verkürzte Ansicht des nach der Straße gelegenen Teils des Saalhofs. Das vorspringende Eckhaus stößt mit der dem Beschauer zugewandten Fassade direkt an das Eingangstor des Saalhofes. Über die Saalgasse selbst findet sich auf Seite 20 dieses Werkes genügende Auskunft. Auch über das eben genannte Eckhaus (Saalgasse Nr. 29) ist bereits auf Seite 81 Näheres angegeben. Das Haus hieß ehemals „der Saal", später „Kleiner Saalhof" und ist, wie auf den Tragsteinen zu erkennen, im Jahre 1637 erbaut. Es war ein Nebengebäude des Saalhofes und es mochten auch darin die ein oder andere Familie, die ihrem Namen den Zusatz „im Saal" anfügten, gewohnt haben.

Der Garküchenplatz

Der Garküchenplatz hat im Großen und Ganzen seit Mitte des 19. Jahrhunderts sein Aussehen gleichmäßig bewahrt. Nach dem Brande, der im Jahre 1349 das erste Rathaus und viele Häuser des damals bei der Pfarrkirche gestandenen Judenquartiers (es zog sich von der Fahrgasse hinter den Garküchen hin, an der Stadtwaage und dem Leinwandhaus vorüber, durch einen Teil der Saalgasse bis an die Ecke am Heiligen Geist-Brunnen) in Asche gelegt hatte, wurde ein Teil der Brandstätte dem Kirchhof bei der Pfarrkirche zugefügt. Der Eingang zu dem Judenquartier lag zwischen der „Mehlwaage" und dem „Fürsteneck". Die Juden mussten 1462 die Gegend verlassen, wofür ihnen die Gegend der heutigen (um 1900) Börnestraße angewiesen wurde. Durch nochmalige Abtretung jener Brandstätte und eines Teils des Kirchhofs entstand der größere Platz, der heutige Garküchenplatz. Im Jahre 1573 fand der Anfang der Pflasterung statt und zu jener Zeit wurden auch die Garküchen errichtet, von welchen der Platz den Namen erhielt. Auf jenem Platz stand auch ehedem die *Corps de Garde*, welche jedoch zur Messzeit 1691 verlegt wurde; auch die sogenannte „Häringshock" war von der Saalgasse hierher verwiesen worden und im Jahre 1813 wurde der Fischmarkt an der Kirchhofsmauer eingerichet. Die Garküchen selbst bestanden ursprünglich aus vier Küchen, die der Rechnei gehörten; sie wurden im Jahre 1732 an die Meistbietenden verkauft und nach mehrfachen baulichen Veränderungen mit der Zeit in Läden und Wohnungen umgewandelt. Das untere Bild auf Seite 10 zeigt ebenfalls einen Blick auf die Garküchen von der Fahrgasse aus. Siehe auch Seite 54.

Die Kannengießergasse

Die Kannengießergasse führte in der ersten Hälfte des 14. Jahrhunderts den Namen Dressel- oder Dresselergasse (Drechslergasse), wahrscheinlich, weil sie von Meistern dieses Handwerks bewohnt war; von einem, Bertold, hat sich der Name wenigstens erhalten. Die Straße enthält nur wenige Häuser, die aber noch in ihrem alten Gepräge vorhanden sind. Vorliegendes Bild ist von der Fahrgasse aus aufgenommen, ein Teil des Pfarrturms ist noch sichtbar.

Die Kannengießergasse vom Domplatz aus

Das Eckhaus rechts ist das sogenannte Lutherhaus, früher „Zum kleinen Appenheimer" genannt. Über dasselbe ist des Näheren auf Seite 64 dieses Werkes berichtet. An jenem Haus zog sich früher ein Gässchen bis zur damaligen Kirchhofsmauer hin, das als *vicus Leschonis* bezeichnet ist. Die Gasse hatte sowohl nach der Kirchhofsmauer am Domplatz als auch bei der Ecke des Garküchenplatzes am ehemals Domer'schen Haus Pförtchen. Das erwähnte Bild auf Seite 64 zeigt das Lutherhaus von dem Torbogen des Hainerhofes aus. Auf dem vorliegenden Bild ist dieser Torbogen unter dem Fachwerkhaus zur Linken am Eingang der Straße erkennbar. Es bildete das „Pforthaus" über dem Hainerbogen. Auf einem Tragstein findet sich die Jahreszahl 1681.

Das Leinwandhaus

Dieses Bild zeigt die Gebäulichkeiten, wie sie noch im Jahre 1871 am Weckmarkt zu sehen waren und die uns in die Zeit der mittelalterlichen Gotik versetzen. Das hervorragendste dieser Bauten ist das Leinwandhaus. Anstelle eines steinernen, zu dem vormaligen Judenquartier gehörenden Hauses wurde gegen Ende des 14. Jahrhunderts mit Errichtung eines neuen großen Bauwerks begonnen und bald nach dem Jahre 1400 fertiggestellt. Anfangs „das Waagenhaus" genannt, erhielt es den neuen Namen „Leinwandhaus" erst im 15. Jahrhundert, als darin Leinenhandel (Leinwand, Garn, Flachs und Hanf) betrieben wurde. Seit seinem Bestehen verschiedenartigen Zwecken anheimgegeben, diente es abwechselnd als Aufbewahrungsort von Getreide und Materialien, als Stadtschreiberei, zur Abhaltung von Turnieren, als Gefängnis für Schuldner und Untersuchungsgefangene und als Stätte für heimliche Verhöre und Folterungen; ferner wurden hier Geisteskranke untergebracht und dann sogar von 1688–1690 Gottesdienste für das in Frankfurt einquartierte Kriegsvolk des Landgrafen von Hessen-Kassel und für die Reformierten in diesem Haus abgehalten.
Ende des 18. Jahrhunderts richtete man Messläden ein und die Ledermesse fand daselbst statt; 1813–1814 diente es als Unterbringungsraum für typhuskranke französische Truppen, danach der Zollverwaltung und 1857–1889 den Sitzungen des Schwurgerichts. Nachdem die Letzteren in das neue Gerichtsgebäude verlegt worden waren, verwirklichte man den Plan, das Haus für die Sammlungen des städtischen Museums herzurichten. Der Umbau ist nach den Plänen des Stadtinspektors Koch im Jahr 1892 vollendet worden. Die Schönheit des alten Gebäudes in seinem imposanten gotischen Stil mit den kräftigen Pforten, den hübsch profilierten Fensterumrahmungen, dem feinen Bogenfries, dem ringsum verlaufenden Wehrgang und den Zinnen, woran sich vier Ecktürmchen lehnen, gebot schon die würdige Erhaltung, wie sie denn auch das neue Gebäude jetzt aufweist. An der Fassade nach dem Weckmarkt sind auf den von Baldachinen überbauten Eckkonsolen zwei in Kupfer getriebene Ritterfiguren in Turnierrüstungen aufgestellt, und zwar ist die an der Nordostecke vom Bildhauer Gustav Herold, diejenige an der Nordwestecke vom Bildhauer Rudolf Eckart und die an der Südostecke nach dem Main zu, Ritter Hermann von Rodenstein darstellend, vom Bildhauer Karl Rumpf ausgeführt. Eine Reihe von Konsolen zwischen den Fenstern der Fassade warten noch der Aufstellung von Standbildern, für deren Beschaffung sich vielleicht künftig Gönner finden.

Die Stadtwaage neben dem Leinwandhaus

In früheren Zeiten befand sich das Waagenhaus bei dem Haus „Zur Wolkenburg" auf dem Weckmarkt. Im Jahre 1502 fasste der Rat den Entschluss, eine neue Waage an anderer Stelle zu erbauen und im Jahre 1503 wurde anstelle der seit 1462 unbenutzten Synagoge (Schule) – dieselbe war inzwischen nach dem Wollgraben verlegt worden – der Neubau errichtet. Er bot große Räume: Der untere Saal ward für die Waage, der obere Saal als Fruchtspeicher verwendet und diente diesen Zwecken bis zur Mitte des 19. Jahrhunderts. Von 1845 bis 1873 wurde der obere Saal für das Historische Archiv in Anspruch genommen. Im nächsten Jahre aber legte man das Gebäude nieder und in den Jahren 1874–1877 errichtete man den neuen Archivbau nach den Plänen und unter der Leitung des Dombaumeisters Dänzinger. Die alten Fenster verwendete der Architekt Otto Lindheimer für die künstliche Ruine im Zoologischen Garten, von den drei sich ursprünglich am Gebäude befindenden gewesenen Frankfurter Adlern wurde der von der Nordseite an das neue Haus über das Portal versetzt und die beiden anderen an der Südseite angebracht. Die an der Nord- und Ostecke der Waage zu sehenden niedrigen Anbauten hat die Stadt abgelöst; die Lautenschläger'sche Schirn fand aber an dem Neubau wieder ihren Platz, bis auch sie nach Übereinkunft mit dem Eigentümer endlich entfernt werden konnte.

Dom und Leinwandhaus

Die kleine Straße, die sich von dem Weckmarkt zwischen Leinwandhaus und „Storch“ nach dem ehemaligen Schlachthaus, dessen Stelle jetzt ein Kindergarten einnimmt, zieht, hieß früher die Storchgasse, von dem vorher erwähnten Brauhaus, doch schon 1591 nahm sie den jetzigen (um 1900) Namen Schlachthausgasse an. Anstelle der auf dem Bild sichtbaren, an das Leinwandhaus anstoßenden Gebäude, die teilweise niedergelegt und in einen Garten verwandelt wurden, ist jetzt (um 1900) ein Erweiterungsbau für das städtische Historische Museum getreten. Auf der anderen Seite der Straße hat der „Storch“ einen Neubau erhalten. Das Haus Nr. 7 auf dieser Seite diente früher der Gerichtsschreiberei als Stätte. Vor uns sehen wir den Dom mit der Reichslaterne. Das Bild ist nach einer Zeichnung von Otto Lindheimer aus dem Jahr 1859 wiedergegeben.

Kleine Fischergasse vom Main aus

Wandelt man von der alten Brücke den Main rechts stromabwärts, so gelangt man nach wenigen Schritten an ein kleines eisernes Geländer, von dem aus eine Treppe abwärts in ein schmales Gässchen führt, die kleine Fischergasse, die nach der Südseite eine Straßenunterwölbung zeigt und nach dem Main lenkt; nördlich endet das Gässchen gegenüber dem Gasthaus „Zum Grünen Baum“ in die große Fischergasse. Es bildet einen Teil des früheren großen Fischerquartiers. An seinem Ausgang rechts ist das bekannte Gasthaus „Zum Stift“ gelegen, ihm gegenüber war ehemals die Trinkstube der Säckler und Weißgerber (Nr. 9). Dieses Gässchen ist das einzige in Frankfurt, das eine derartige Gestaltung aufweist. Das am Mainkai selbst rechts neben der Treppe stehende Eckhaus war vormals die Zunftstube der Fischer.

Das „Roseneck“, große Fischergasse

Dem heutigen (um 1900) Stadtarchiv gegenüber, von diesem früher durch die ehemalige Samuelsgasse getrennt, befand sich ein größerer Hof, der Lörhof, der, wie wohl anzunehmen ist, den Lohgerbern gehörte; er hatte zwei Tore und wurde von verschiedenen Gebäuden umfasst. In der ersten Hälfte des 16. Jahrhunderts ließ der Magistrat, um Raum für die Messen zu gewinnen, einen Teil der erworbenen Häuser abbrechen und dadurch entstand das freie Plätzchen, das jetzt allgemein als Roseneckplätzchen bezeichnet wird. Die noch stehenden Häuser Nr. 14, 16 und 18 bildeten früher Bestandteile des Lörhofs. Das Roseneck selbst (Nr. 14) war schon früher ein Gasthof und hat jetzt (um 1900) noch Wirtschaftsbetrieb. Das dem Roseneck gegenüber gelegene Haus „Zum Ochsenkopf“, welches wahrscheinlich ebenfalls eine Wirtschaft enthielt und ein baulich interessantes Haus war, wurde im Jahre 1863 niedergelegt, wodurch das Plätzchen nicht unwesentlich erweitert worden ist. Die auf dem Plätzchen und in der Straße hinter den Garküchen stehenden Häuser erhielten ihre Ausmalung von Carl Grätz im Auftrag der Binding'schen Brauereigesellschaft. Im Jahre 1895 wurde der vorher auf dem Hühnermarkt gestandene Freiheitsbrunnen (Freythoffsbrunnen), an dessen Stelle jetzt das Friedrich-Stoltze-Denkmal steht (Seite 134), hierher versetzt.

Einhornplätzchen von der Fahrgasse aus

Das Einhornplätzchen hat seinen Namen von einem Gasthaus, das 1704 schon bestand und neben dem auf vorliegendem Bild in der Mitte sichtbaren Haus in der Klostergasse gelegen ist. Das letztere Haus hieß die „Rote Badstube" und war um die Mitte des 14. Jahrhunderts bereits als Badehaus eingerichtet. Die Benutzung der Bäder war im Mittelalter in Frankfurt mehr als ein Bedürfnis; es gehörte zur vornehmen Gepflogenheit und die Geschlechter und Reichen hielten es für eine Pflicht, eingeladene Gäste nach Festlichkeiten und Schmäusen in die Badestuben zu geleiten, wie aus Bernhard Rohrbachs Beschreibung aus dem Jahre 1466 zu entnehmen ist. Die „Rote Badstube" gehörte zu den angesehensten derartigen Einrichtungen und kommt noch 1809 als solche vor.

An dem Haus bei der Klostergasse war früher ein Brunnen errichtet, der den Namen Ölbrunnen hatte, aber auch als Badstubenborn bezeichnet wurde; später, wohl ums 15. Jahrhundert, setzte man den als Ziehbrunnen umgebauten Brunnen in die Mitte des Platzes und im 18. Jahrhundert ist er in einen Pumpbrunnen umgewandelt worden, der als Krönung der Säule einen einer Olive ähnlichen Knopf trägt, was nach Battonn als Anspielung auf diese Öl gebende Frucht erscheint.

Klostergasse 3

Das Bild zeigt uns das Portal eines alten, im Lauf der Zeit sehr vernachlässigten Gebäudes in dem südlichen Teil der Klostergasse. Dies war einst der Kartäuserhof, „Zum Eber" genannt, und gehört jetzt zur Trost'schen Liegenschaft in der Fahrgasse dem Haus Mayenberg. Im November 1781 wurde die Kartause in Mainz von dem Erzbischof Friedrich Karl Joseph aufgehoben und der dortigen Universität überlassen. Diese schickte Deputierte nach Frankfurt und ließ Besitz von dem hiesigen Hofe nehmen, den sie 1782 dem Frankfurter Bürger und Weinhändler Busch verkaufte. In den 1820er-Jahren kam der Eisenhändler Trost in Besitz des Hauses. Das Portal zeigt eine einfache, aber vornehme Gliederung. Das Haus hat zwei Geschosse, deren Fenster in unregelmäßiger Weise gruppiert sind.

Die Klostergasse

Die Klostergasse, früher Predigergasse oder „Zu den Predigern", geht vom Arnsburger Hof bis zur ehemaligen „Roten Badstube" beim Einhornplätzchen. Den alten Namen hatte sie von den Predigermönchen, die sich im 13. Jahrhundert dort angesiedelt hatten. Auf dem vorliegenden Bild ist ein Teil der heutigen Klostergasse von der Battonnstraße bis zu ihrer Ausmündung beim Einhornplatz sichtbar. Sie bietet meist noch das Aussehen einer Straße, an der seit mehr als hundert Jahren keine Änderung vorgenommen wurde; nur links zeigt sich das Stück eines Neubaues, während rechts noch das alte Gebäude der Rosenberger Einigung sichtbar ist, von der ein anderer Teil auf die Stätte der dahinverlegten Annaschule hinweist.

Fürsteneck

Das stattliche Gebäude an dem südlichen Teil der Fahrgasse hat im Laufe der Zeiten seine Besitzer oftmals gewechselt. In dem früheren Judenviertel, beim Dom gelegen, kam die Wohnstätte im 14. Jahrhundert in den Besitz des Schöffen Johann von Holzhausen und in den folgenden Jahrhunderten aus patrizischem in einfach bürgerlichen Besitz. Der Bau des Hauses, wie wir dieses noch jetzt sehen, geht wohl in das erste Drittel des 15. Jahrhunderts zurück, der Name „Fürsteneck" aber kommt erst in einem Kaufbrief vom Jahre 1610 vor. Einer der späteren Besitzer, der Düsseldorfer Kaufmann Dieterich Grossmann, welcher das hiesige Bürgerrecht erworben hatte, ließ neben anderen Herrichtungen das Prunkzimmer im ersten Stockwerke mit dem prachtvollen Wandgetäfel und der im Haus vorhandenen Stuckdecke ausschmücken. Dieses Zimmer wurde von Frankfurter Bürgern angekauft und bildet jetzt eine besondere Abteilung im Kunstgewerbe-Museum. Nach Grossmanns Tode, 1620, wechselten wiederholt die Besitzer, bis es 1786 Anton Zickwolf erwarb und wieder in guten Zustand versetzen ließ. Äußerlich hat das Haus keine sehr eingreifenden Veränderungen erfahren, bis auf die Zumauerung der ausgeschnittenen Zinnen am Dachstock, des luftigen Zinnenkranzes, an dessen Seiten sich hohe Ecktürmchen anfügten, welche von dem schmalen, hinter den Zinnen herlaufenden Gang aus betreten werden konnten. Das Haus erhebt sich hoch über die Gebäude der Nachbarschaft und hat über einem Erdgeschoss und drei anderen Stockwerken ein hohes Giebeldach. Es ist jetzt (1904) im Besitze der Frau Beydemüller.

Die Fahrgasse von Süden

Die Fahrgasse ist sicher die älteste Verkehrsstraße Frankfurts und dürfte wohl schon zu den Zeiten der Römerherrschaft in unserer Gegend als Talweg an dem Domhügel vorbei nach dem Main geführt haben. Seit den Tagen der Karolinger hat sich dann eine bebaute Straße gebildet, die anfangs nur von dem Fluss bis zur Gegend des heutigen Württemberger Hofs (früher „Goldener Löwe") führte; nach Battonns Meinung wurde später eine neue Straße angelegt, die sich von dem großen Ankauf (der Braubach) bis zu der 1765 niedergelegten Bornheimer Pforte erstreckte und den Namen Hufschmiedegasse *(vicus fabrorum)* erhielt. Nach der Vereinigung beider ging der Name Fahrgasse auf die ganze Strecke über, die sich dann später noch bis zur Zeil ausdehnte. Das Bild zeigt den Teil der Fahrgasse vom „Fürsteneck" aus bis etwa zum Gasthaus „Goldene Zange" oder „Würzburger Eck" (Seite 86), während das folgende Bild (Fahrgasse nach Norden) etwa den Teil vom Einhornplätzchen bis zur Schnurgasse bringt.

Die Fahrgasse nach Norden

Auch wenn die Fahrgasse jetzt (um 1900) noch eine der verkehrsreichsten Straßen der Stadt ist, sowohl für Wagen wie für Personen, so war dies zu früheren Tagen von noch größerer Bedeutung, als die großen Güter- und Frachtwagen, die über die alte Brücke kamen, hier durchfahren mussten. Dadurch war auch hier die vorteilhafte Geschäftslage entstanden, in welcher wohl sämtliche Zweige des Warenhandels vertreten und eine Reihe von Gast- und Logierhäusern entstanden waren, darunter der damals bedeutende „König von England" (früher „Krachbein"), von welchem sich auf Seite 89 eine Abbildung befindet.

Krautmarkt

Die Stelle, an welcher sich die Bendergasse nach Osten zu verbreitert und einen kleinen Platz bildet, heißt jetzt Krautmarkt, und das breite Gebäude, des auf der westlichen Seite von dem Tuchgaden und auf der östlichen Seite von der Höllgasse begrenzt ist, führt den Namen „Wolkenburg" (Nr. 7) und kommt schon 1290 urkundlich vor. Dieses Haus war in früheren Zeiten, wie Kriegk nachweist, eines der acht oder neun Privatgefängnisse im Eigentum der Familie von Ryne, wurde aber bereits im Jahre 1464 wieder abgebrochen. Man konnte Schuldner nicht länger als vier Wochen in dem städtischen Gefängnis (Leinwandhaus etc.) gefangen halten, dagegen war es aber erlaubt, den Schuldner, natürlich unter festgesetzten Verhältnissen und Bedingungen, nachher in Privathaft zu behalten, im eigenen oder ermieteten Haus. Auch waren diese Privatgefängnisse zuweilen als Ersatz für Irrenhäuser benutzt worden.

Das gegenüberstehende Haus Nr. 5, „Zum Weißen Hahn", wurde ehemals „Schaubenruck" bei der Wobelingasse (Weibleinsgasse) genannt und der freie Platz hieß Weibleinsplatz. Auch der dort stehende Brunnen führte früher den Namen Weibleinborn und war ein offener Ziehbrunnen. Im Jahre 1776 wurde aber eine Brunnensäule errichtet und mit einer Urne gekrönt. Anlässlich der Errichtung des Neubaus des Marburg'schen Hauses auf der Allerheiligengasse entfernte man den vor diesem Haus gestandenen römischen Königbrunnen (1888) und die Figur, mit Szepter, Krone und Reichsapfel versehen, setzte man auf die Säule des Weibleinbrunnens, dieser trägt von da ab den Namen Schöppen- oder Schöffenbrunnen.
Das rechts sichtbare Ammelburg'sche Haus führte früher den Namen „Weißer Hahn" und vorher „Schaubenruck" oder „Schaubruck".

Goethes Geburtshaus

Die ursprüngliche Bebauung des großen Hirschgrabens datiert aus der letzten Zeit des 16. Jahrhunderts. Von dem Goethehaus selbst wissen wir, dass hundertundfünfzig Jahre später die Erben des Schöffen Philipp Heinrich Fleckhamer von Aysstetten das Haus oder, wie es in einem Kaufbriefe von 1733 hieß, „die größere und kleinere Behausung" an die Wirtin des auf der Zeil gelegenen Weidenhofs verkauften. Diese ward durch die nach dem Tode ihres ersten Mannes mit Friedrich Georg Goethe eingegangene, zweite Ehe die Großmutter des Dichters. Nach dem Tode ihres zweiten Mannes hatte sie den Wirtschaftsbetrieb aufgegeben. Mit ihrem Sohne Johann Kasper Goethe lebte sie nun allein in dem Haus auf dem Hirschgraben, bis zu dessen Vermählung mit Katharine Elisabeth Textor. Sie erlebte hier die Geburt ihres Enkels Johann Wolfgang (geb. 28. August 1749) und ihrer Enkelin Cornelia (getauft 8. Dezember 1750) und starb am 26. März 1754. Im Jahre 1755 nahm der nunmehrige Rat Goethe den Umbau der beiden Häuser vor. Nachdem auch der Rat am 25. Mai 1782 verstorben war, blieb die Mutter Goethes, „Frau Aja", noch bis zum Jahre 1795 Bewohnerin des Hauses. Alsdann wurde es an den Weinhändler Blum verkauft und ein Jahr später ging es an Frau Anna Katharina Rössing über. In der Folge erlitt das Haus im Innern wie auch außen Veränderungen, die keinesweg von Pietät für den großen Dichter zeugten. Im Jahre 1863 kaufte Dr. Otto Volger, der Gründer des deutschen Hochstifts, das Haus auf eigene Rechnung und Gefahr und die Verwaltung des genannten Instituts war unausgesetzt bemüht, das Haus möglichst in den Zustand zurückzuversetzen, wie es zur Zeit der Jugend Goethes war. Den Bemühungen Volgers gelang es auch, das Haus in den vollen Besitz des Hochstifts zu bringen, in dessen Verwaltung es sich befindet. Am 22. Oktober 1844, am Tage der Enthüllung des Schwanthaler'schen Goethestandbildes auf dem bis dahin „Stadtallee" genannten Platz, wurde an dem Haus am Hirschgraben eine weiße Marmor-Gedenktafel mit folgender Inschrift über die Tür gesetzt: *„In diesem Haus wurde Johann Wolfgang Goethe am 28. August 1749 geboren."*

Grabmal der Eltern Goethes

Als im Sommmer 1904 wegen Weiterführung der elektrischen Straßenbahn nach der großen Eschenheimer Straße ein Teil der Mauer des alten Peterskirchhofes niedergelegt und die dort angebrachten Grabsteine versetzt werden mussten, konnte das Grab, dessen Abbildung wir hier geben, unberührt bleiben. Längere Zeit hindurch war eine Grabstätte, die sich an der nordöstlichen Mauer des seit 1829 den Beerdigungen entzogenen Friedhofs gleich beim Eingang von der Schäfergasse aus befand, für den Ruheort der Goethe'schen Familienmitglieder gehalten worden; durch Nachforschungen ist aber vor geraumer Zeit etwas weiter nach Norden die richtige Stätte festgestellt und hierher sind dann auch die den Verstorbenen gewidmeten Grabsteine versetzt worden. Es ist ein stilles, schönes Plätzchen, von Grün umgeben, das am Todestage der Frau Aja (Goethes Mutter) von den Verehrern des Dichters mit Blumen und Kränzen immer aufs Neue geschmückt wird. Von den dort angebrachten Grabsteinen belehrt die eine Inschrift, dass Johann Wolfgang Textor, getauft am 12. Dezember 1693, gest. am 6. Februar 1771, nebst seiner Gattin Anna Margaretha, geb. Lindheimer aus Wetzlar, geb. am 31. Juli 1711, gest. am 18. April 1783, sowie deren Sohn Johann Jost Textor, getauft am 30. September 1739, gest. am 19. September 1792 nebst mehreren ihrer Töchter, Schwiegersöhne und Enkel hier begraben liegen. Der andere Grabstein enthält folgende Inschrift:

Grab der Eltern von Johann Wolfgang Goethe.

Herr	*Frau Rath*
Joh. Casp. Goethe	*Kath. Elisab. Goethe*
U. I. D. Kaiserl. Rat	*geb. Textor*
geb. 31. Juli 1710	*geb. 19. Febr. 1731*
† 25. Mai 1782.	*† 13. Sept. 1808.*

Erneuert am 25. Mai 1883.

Die Katharinenpforte

Die kurze Straße, welche den Namen Katharinenpforte führt, lag zwischen der inneren und äußeren ehemaligen Bockenheimerpforte. Dort lief der alte Stadtgraben, der mit einer Brücke überdeckt war. Nachdem neue Mauern und Gräben zum Schutz der erweiterten Stadt gezogen waren, wurde gegen das Jahr 1400 der Graben zwischen den beiden Pforten ausgefüllt und zu beiden Seiten der Brücke eine Anzahl Häuser erbaut. Von der Kirche erhielt dann die Straße den Namen Katharinengasse.
Die Abbildung zeigt die Straße ungefähr von der Mitte derselben nach der Hauptwache zu. Das nächste Bild ist von der Hauptwache aus aufgenommen und gibt die Straße von dieser Seite aus wieder.
Zur Zeit der Aufnahme (1901) standen auf der linken Seite (von der Hauptwache aus) sechs durch den Holzgraben in zwei Gruppen getrennte, auf der rechten Seite acht Häuser. Das vordere, rechts sichtbare Haus (Abb. S. 163), welches aber zum Rossmarkt zählt, da es hier seinen Eingang hat, ist das ehemalige Belli'sche Haus. Um den Beginn des 15. Jahrhunderts bestand in Frankfurt ein öffentliches Spielhaus in dem Haus „Zum Heissenstein", wo heute (um 1900) das Gasthaus „Zum Schwan" steht. Im Jahre

1409 beschloss der Rat ein eigenes Haus für das Spiel errichten zu lassen, das den Namen „Zum Neuen Heissenstein“ erhielt, und zwar an der Stelle, wo jetzt das Belli'sche Haus ist. Es nahm aber nicht die ganze Fassade ein, da neben der Pforte noch zwei andere Häuser standen. Darin wurde das Spiel (es war ein Würfelspiel) fortgesetzt. Wie bedeutend dieses Spiel war, geht daraus hervor, dass noch kurz vor Aufhebung desselben laut Rechenbuch eine Ausgabe für 8000 Würfel, im Jahre 1430 für 14 000 Würfel eingetragen ward.

Anstelle der vier Häuser bis zum Holzgraben ist in den Jahren 1903/1904, nachdem die Freilegung der Katharinenkirche beschlossen war, ein nach allen Seiten frei stehender Bau in spätgotischem Stile, das Noll'sche Haus, errichtet worden. Auf der Seite nach der Einfahrt zur Kirche ist am ersten Stockwerk ein Glasmosaikgemälde nach den Entwürfen des Malers Max Rossmann, einen Hochzeitszug darstellend, angebracht worden. Der Architekt des Hauses ist Herr Mack.

Die Katharinenkirche

Die Katharinenkirche war ursprünglich eine Stiftung des Magisters Wicker Frosch (Sänger des hiesigen Bartholomai-Stifts und Scholaster zu St. Stephan in Mainz), welcher mit erzbischöflicher Erlaubnis 1344 ein Spital und zwei Kapellen, die eine zu Ehren des hl. Kreuzes, die andere zu Ehren der hll. Jungfrauen Katharina und Barbara, erbaute, zu dem er später noch ein der hl. Katharina geweihtes Jungfrauenkloster fügte. In der Folgezeit erhielt die Kirche reiche Schenkungen, namentlich von städtischen Patrizierfamilien. Im Jahre 1522 wurde dort von dem Prädikanten Hartmann Ibach die erste protestantische Predigt in Frankfurt gehalten. Nach vielen Reparaturen und der Ausstattung mit Kirchenstühlen und einem Orgelwerk, erkannte man, dass das Mauerwerk baufällig war und entschloss sich zu einem Neubau. Am 14. März 1678 wurde der Grundstein hierzu gelegt und am 19. Juni 1680 der Kranz aufgesetzt; den Bau leitete der Ingenieur Melchior Hessler und am 20. Februar 1681 fand die Einweihung der fertigen Kirche statt. Auch jetzt wurden der neuen Kirche reichliche Stiftungen zuteil, wie die Kanzel von schwarzem Marmor von Franz von Barckhaus und Gattin und die drei messingenen Leuchter von P. K. Gläser von Gläserthal; die Adelsgesellschaft Frauenstein stiftete das Deckengemälde, die Bilder an den Emporen sind von verschiedenen Stiftern. Die aus der alten Kirche übernommene Orgel ward im Jahre 1779 durch eine neue ersetzt. Am 31. Oktober 1817 wurde in der Kirche der Festgottesdienst zur dritten Jubelfeier der Reformation begangen. Stadtbauinspektor Rügemer führte 1869 eine umfangreiche Restaurierung in allen Teilen aus und ließ später auch Glasmalereien in den Fenstern anbringen.

Die Zeil

Bei der zweiten Erweiterung der Stadt war diese Straße in der damaligen Neustadt gelegen. Frankfurt hatte früher schon einen bedeutenden Viehhandel und noch heute (um 1900) weisen die Bezeichnungen verschiedener Straßen und Plätze wie Rossmarkt, Schäfergasse, Hammelsgasse, Sauweide, später Sauallee etc., darauf hin, dass für die verschiedenen Tiergattungen besondere Plätze gewählt waren. Für das Großvieh war die Strecke bestimmt, welche sich von der Katharinenpforte bis zur Friedberger Gasse ausdehnte. Dieser Teil war noch keine eigentliche Straße, sondern ein breiter Weg. Ende des 14. Jahrhunderts wurde an dessen oberem Teil eine Reihe Häuser erbaut (1509 zählte man deren bereits 73), und dieser Teil wurde auch zuerst mit dem Namen Zeil (*czyle* = Reihe) benannt. Auf der gegenüberliegenden Seite war zuerst das Zeughaus anstelle einer „elenden Herberge zu St. Marthen" errichtet. Der Viehhof, worin die Handelsleute, die den Viehmarkt besuchten, ihre Geschäfte zum Abschluss brachten, hatte an der Stelle gestanden, an welcher später der nunmehr auch niedergelegte „Russische Hof" erbaut wurde. Unser Bild lässt auf der rechten Seite das ehemalige Breul'sche Haus sowie das ehemalige Pfaff'sche Haus, links Haus Mozart, das Böhler'sche Haus, das frühere Postgebäude, den Russischen Hof, den Darmstädter Hof, das Mumm'sche und Rothschild'sche Haus erkennen. Zur Zeit der Aufnahme dieses Bildes war die Zeil die vornehmste Straße Frankfurts.

Zeil, Ecke Liebfrauenstraße

Hier sehen wir das Hoff'sche Haus an der Ecke der Liebfrauenstraße vor etwa 15 Jahren. Die Firma Gebrüder Hoff hatte es zu dieser Zeit erworben und ließ für ihren Zweck einen vollständigen Neubau errichten. Auch die auf der Zeil gelegenen Nebenhäuser haben eingreifende Veränderungen teils durch Um-, teils durch Neubau erfahren.

Hessisches Palais, Zeil 46

Nicht lange nach dem Verschwinden des „Russischen Hofes" hat auch ein Nachbarhaus das gleiche Schicksal ereilt. Der „Darmstädter Hof", wie er allgemein genannt wurde, war seinerzeit ein Garten des Schöffen Sebastian Schmidt. Nach dessen Tod, 1532, kam der Garten in den Besitz von Johann Kosch und von diesem 1541 in den des Klaus Bromm. Nach Bromms Tod war das Haus eine Zeit lang im Besitz der Stadt, die es an Peter Overbeck verkaufte, später aber (1626) wieder erwarb und im nächsten Jahre dem Landgrafen von Hessen-Darmstadt gegen das Reichslehen Klapperfeld in Tausch gab. Landgraf Ludwig VIII. von Hessen ließ nach Niederlegung der alten Gebäulichkeiten einen Neubau errichten, der 1757 vollendet wurde. Der Bau blieb im Besitz des Großherzogs von Hessen, bis er 1886 von Dr. Carl Wagner erworben und wesentlich umgestaltet wurde. Das großherzogliche Wappen im Giebelfelde musste hiernach entfernt werden und ward in ein Handelsembleme umgewandelt. Im Jahr 1898 kaufte die Baufirma Cohn und Kreh das Anwesen, ließ es im Frühjahr 1899 niederlegen und errichtete den jetzt (um 1900) stehenden Neubau an seiner Stelle.

Die Häuser von Mumm und von Rothschild

Die Strecke der Zeil von der Brönnerstraße bis zur Schäfergasse war bis Ende des 19. Jahrhunderts von drei stattlichen Gebäuden besetzt, von welchen heute (um 1900) nur noch das mittlere besteht. Das letzte, „der Römische Kaiser", war früher ein vornehmer Gasthof, in welchem einst nach Mündens Nachrichten Karl VII., Maria Theresia, Kaiser Joseph II. und andere Fürstlichkeiten Wohnung genommen hatten; später weniger beachtet, wurde es zu Ende des 19. Jahrhunderts niedergelegt und an seiner Stelle ein großes Warenhaus errichtet. Das Rothschild'sche Haus wahrt noch sein gediegenes Ansehen. Die früher an seiner Stelle gestandenen kleinen Häuschen ließ Herr von Leonhard niederlegen, um dort den Neubau zu errichten. Das die Ecke der Brönnerstraße bildende ehemalige Mumm von Schwarzenstein'sche Haus war früher ein Gasthof „Zur Rose", sein Nachbarhaus hieß „Zur Goldenen Gans". Beide Häuser wurden von Johann Friedrich Schmidt gekauft und abgebrochen und statt ihrer der umfangreiche Steinbau in vornehmem Stil errichtet, welcher 1904 den Zeitverhältnissen und der neuen Geschmacksrichtung gewichen ist, um einem anderen Warenhaus Platz zu machen.
Ums Jahr 1811 hatte Peter v. Cornelius hier Wandgemälde entworfen, welche bei Verlassen des Hauses von der Familie in die neue von Mumm'sche Villa in der Forsthausstraße gebracht wurden.

Der Russische Hof

Bis zur Verlegung des Ochsenmarktes in die Allerheiligengasse im Jahre 1784 war der auf Seite 165 schon erwähnte „Viehhof" wohl die besuchteste Gastwirtschaft auf der Zeil. Die Liegenschaft des Viehhofs wurde dann von dem 1751 aus Verona hier eingewanderten Seidenhändler Franz Maria Schweitzer käuflich erworben, welcher in den Jahren 1788 bis 1794 durch den kurpfälzischen Oberbaudirektor Nicolaus de Pigage das in feinsten Verhältnissen gehaltene Prachtgebäude errichten ließ. Im Jahre 1827 wurde es von dem hiesigen Metzgermeister Johannes Stier für seinen Schwiegersohn Johann Friedrich Adalbert Sarg angekauft und von diesem zu einem feinen Gasthof, dem „Russischen Hof", umgewandelt. Seinen Ruf als ersten Gasthof bewahrte es viele Jahrzehnte hindurch und blieb das Absteigequartier hoher Fürstlichkeiten. Im Jahr 1834 war auch das nebenan stehende, an das damalige Postgebäude angrenzende Aumann'sche Haus dazugekauft worden und 1839 der Garten des großherzoglichen Hessischen Palais. Nach dem ersten Hotelier des „Russischen Hofes", F. A. Sarg, der dort von 1827 bis 1852 die Gastwirtschaft betrieb, kam es 1853 bis 1862 in die Hand des Herrn P. C. Ried und 1863 bis 1888 in die von Th. und F. Drexel. Von letzterem wurde es, als ein Neubau der Post notwendig wurde, an die Reichspostverwaltung verkauft, von der er in den Jahren 1890/91 niedergelegt wurde. Bezüglich des Innern des Hauses ist Folgendes zu erwähnen: Nachdem man durch das Portal eingetreten war, führte eine mit zierlichem Geländer in Bronzestäben versehene breite steinerne Stiege, an deren Auftritt zwei in Marmor gearbeitete Löwen ruhten, zum ersten Stock, von welchem man durch ein geräumiges, mit Statuen und Büsten nach antikem Muster geschmücktes Vorzimmer in den herrlichen Balkonsaal gelangte, dessen Plafond, wie auch Vorsaal und Treppenhaus, von Jannarius Zick mit mythologischen und allegorischen Malereien ausgeschmückt waren. Wie diese waren auch die übrigen Räume des Hauses in edelster und vornehmster Weise gehalten. Im Vorhof sah man in einer eigens dafür vorgesehenen Nische einen lebensgroßen Silen mit dem jungen Bacchus auf dem Arm, im Jahre 1745 von W. Rottmondt in Metall gegossen.

Zeil mit Konstablerwache

Das Bild gibt eine Ansicht der oberen Zeil bis etwa zur Stiftstraße, von Beginn der Allerheiligenstraße aus gesehen. Die Aufnahme stammt aus dem Jahre 1871 und zeigt einen Teil der alten Konstablerwache. Im Jahre 1886 ward der ganze Gebäudekomplex, worauf die Konstablerwache und einige Privatgebäude standen, zum Verkaufe ausgeboten und im Jahre 1887 niedergelegt. Über die Wache ist bereits auf Seite 66 berichtet worden, auf welchem Bild sie noch mit der Vorhalle zu sehen ist. Diese Vorhalle bzw. das Wachtlokal vor dem Zeughaus war um die Mitte des 18. Jahrhunderts wegen Straßenbeengung und Verkehrshindernis abgebrochen und die Wache in das Zeughaus selbst verlegt worden. Auf dem verkauften Komplex ist ein gewaltiges vielgeräumiges Warenhaus errichtet worden, in dem die Verkaufs- und Geschäfts-Lokalitäten einer ganzen Anzahl von Firmen Unterkunft gefunden haben.

Der Dallesplatz am Ende der alten Zeil

An der Stelle, an welcher jetzt die neue Zeil beginnt, standen bis in die zweite Hälfte des 19. Jahrhunderts in einer Reihe nebeneinander noch drei Häuschen, von deren Nordseite die Stelzengasse ausging, welche jedoch durch die Anlegung des neuen Straßenzugs nach der Langestraße und dem Sandweg zu weggefallen ist. Die Stelle selbst, an welcher diese Häuser standen, und der bei der Allerheiligenstraße liegende Platz hieß ehemals der „Tanzplan" und diente in alten Zeiten auch der Volksbelustigung. Zu Zeiten der Viehmärkte auf der Zeil befand sich auf dem Tanzplan auch noch die „Bornheimer Weede" aus der das Vieh getränkt wurde. Mitte des 16. Jahrhunderts wurde diese Weede trockengelegt und gab Raum für die oben angeführten Häuser, die auch in den alten Kaufbriefen als „auf der alten Weede" stehend bezeichnet sind. Die Stelzengasse ist auf dem Bild links vor den drei Häusern zwischen diesen und dem „Gasthaus zum deutschen Schütz" (über diesen siehe Seite 71) zu sehen. Rechts erblickt man einen Teil der ehemals Jassoy'schen Apotheke (in alten Zeiten stand hier ein Brauhaus), die im Jahre 1848 bei dem damaligen Barrikadenkampfe durch die Hessen-Darmstädtische Artillerie stark mitgenommen worden war. Bis zum genannten Zeildurchbruch im 19. Jahrhundert befand sich vor den drei Häusern der sogenannte „Dalles", der Versammlungsort der Arbeitssuchenden, namentlich Landarbeitern (Schnitter, Drescher etc.) speziell aus der Fuldaer Gegend.

Das Bundespalais

Vom Kaiser Karl VI. wurde dem in Brüssel wohnenden Fürsten Anselin Franz von Taxis *„allergnädigst zu erkennen gegeben, was gestalten ihro und des ganzen Reichs Dienst erfordere, dass der Kaiserliche General Erbpostmeister zur Beobachtung seines Amtes im Reich wohnhaft sei."*

Infolge dieser Bestimmung nahm Fürst Taxis seinen Wohnsitz in Frankfurt a. M. und erstand den sogenannten „Weißen Hof" (eigentlich Wiesenhof, „Gesesse zur Wiesen") nebst dem daran stoßenden Kutscherhof in der großen Eschenheimer Straße von Frau Oberleutnant Winter von Güldenkorn. Dieser Hof war mit einer Ein- und Ausfahrt nach der Zeil versehen. Unter gewissen Vorbehalten genehmigte der Rat das Vorhaben des Fürsten. Die Hauptpunkte waren: *„Das Palais darf käuflich in keine andere als bürgerliche Hände übergehen. Bei Aussterben des Fürstenhauses, was jedoch der allmächtige Gott in Gnaden abwenden wolle, geht das Palais durch zu regulierenden billigmäßigen Verkauf in Besitz der Stadt Frankfurt über".*

Nach den Plänen des kurpfälzischen Hofbaumeisters Hauberat in Mannheim, welcher später d'Hauberat unterzeichnete, ließ hierauf der Fürst den Bau des Palais in Angriff nehmen. Schon früher hatte sich aber der Fürst an den Architekten Robert de Cotte in Paris wegen Erlangung von Plänen gewendet. De Cotte hat denn auch Gutachten und Umarbeitungen der Hauberat'schen Pläne übernommen und ihm ist wohl die vornehme und fürstliche Gestaltung des Baues hauptsächlich zu verdanken. Es ist hier nicht der Platz und Raum, auf gewisse Misshelligkeiten einzugehen, auch die Tatsache, dass der Fürst Frankfurt bald den Rücken kehrte, sei nur nebenbei erwähnt.

Während uns die obere Abbildung die hintere Fassade des Hinterbaus des Palastes nach dem Garten zu mit dem von einer Kuppel gekrönten architektonisch harmonisch durchgebildeten Vorbau zeigt, sehen wir im unteren Bild einen in die Gartenmauer eingebauten Pfeilerbogen mit darauf angebrachtem Blumenkorb. An diesem Mauerbogen angelehnt, stand ein kleiner Rundtempel, dessen Bedachung von vier korinthischen Säulen getragen wurde; in diesem Tempel ist auf einem mit einem Wappenschild versehenen Sockel die Statue der Pallas Athene untergebracht.

Liebfrauenberg, Ecke der Bleidenstraße

Die Bleidenstraße zog sich früher von der Katharinenpforte und dem Kleinen Kornmarkt bis zum Liebfrauenberg, und ihre Häuser stießen auf der nördlichen Seite dicht an die Liebfrauenkirche. Das letzte Haus neben der Kirchentür war vor Zeiten ein Schulhaus des Liebfrauenstifts. Nachdem es in Privatbesitz übergegangen war, verlegte der bekannte Frankfurter Drucker Sigismund Feyerabend Mitte des 16. Jahrhunderts seine Buchdruckerei dorthin. Von dem nächstliegenden Haus „Zum Alten Burkhard"; auch „Stolburg" genannt, soll die von Rödelheim eingewanderte Familie Stollburg ihren Namen entliehen haben. Den Namen Bleidenstraße hat die Straße von dem dort stehenden „Blydenhaus", das alten Nachrichten nach ein Zeughaus war. Im Jahre 1752 wurde es zur Versteigerung ausgeboten und dann an seiner Stelle ein Neubau mit einem Kaffeehaus errichtet. Das Haus führte von da ab den Namen „Bleidenhaus" (Blydenhaus von Blyden, d. i. Wurfmaschine) und auch „Großes Kaffeehaus". Da die Liebfrauenstraße von der Zeil nur zum Holzgraben führte, wurde der Wunsch nach einer direkten Verbindung mit der Neuen Kräme und dem Main laut. Da bei einem Durchbruch nur die oben genannten Häuser in Betracht kamen, zu denen geräumige Gärten nach dem Holzgraben zu gehörten, worin seit Ende des 19. Jahrhunderts der städtische Aicher sein Geschäft betrieb, war der Durchbruch nicht schwer und gelangte auch im Jahre 1855 zur Ausführung. Die Häuser wurden niedergelegt und Architekt Heinrich Burnitz errichtete zwei Gebäudefronten, welcher der Volksmund nach der damals viel genannten Bastion von Sebastopol den Namen „Malakoffstraße" beifügte. Die Straße war 1858 fertiggestellt.

Großer Hirschgraben II

Des großen Hirschgrabens haben wir bereits bei dem Goethehaus (Seite 160) gedacht. Vor der Bebauung, die im Jahre 1583 begann, bildete er eine zwischen Einfriedigungen eingeschlossene Wiese, auf der Nuss-, Birn- und Apfelbäume sowie Weiden gepflanzt waren. Der Hirschgraben erstreckte sich hinter der Wohnung des Dechanten von „Unser lieben Frauen Kirche"; hier wurde er jedoch mit „Schießgraben" bezeichnet. Die im Graben gehaltenen Hirsche wurden bei großen Mahlzeiten der Ratsmitglieder oder anderen Bevorzugten von diesen erkauft und durften nur durch Armbrüste mit Bolzen geschossen werden. Zu den im Laufe der Zeit auf dem Hirschgraben entstandenen Häusern zählt auch dasjenige, dessen Hof dieses Blatt zeigt. Es gehörte der 1787 verstorbenen Schöffen-Witwe Magdalene Margarethe Andreas, vorher verehelichte Klotz, geb. Bourgk; diese hatte am 22. Juni 1778 eine Stiftung zum Besten verwaister Kinder aus der niederländischen Gemeinde errichtet; durch ihr Vermächtnis kam das Haus in den Besitz dieser Gemeinde, die das Waisen-Institut dort bis 1865 unterhielt. Im gleichen Jahr übersiedelte es nach der Seilerstraße. Das Haus kam dann in den Besitz des Herrn Ditmar. Das Höfchen, in das man gelangt, wenn man in dem langen, nach einem hintern Hofe führenden Torgang etwas über der Mitte rechts einbiegt, bildet in seiner Einfachheit und Schlichtheit eine äußerst einladende Stätte der Behaglichkeit und Schönheit.

Der Liebfrauenbrunnen

Der viereckige Platz, an dem die Liebfrauenkirche steht, führte ehemals die Bezeichnung „Rossbühl", da dort Pferde zu Markt kamen. Von der 1322 gestifteten Marienkirche bekam der Platz den Namen „Unser Frauen Plan" oder „Liebfrauenberg". Im Jahre 1490 hatte der Rat verordnet, künftig den Ochsenmarkt dort abzuhalten und in der letzte Hälfte des 16. Jahrhunderts ließ er zur Messzeit hier für die Kaufleute zum Ausbieten ihrer Waren Hütten errichten, was 1576 wieder eingestellt, aber im 18. Jahrhundert aufs Neue gepflegt wurde.
Als geschichtliche Erinnerung mag erwähnt sein, dass auf dem Liebfrauenberg der römische König Maximilian I. im Jahr 1486 und König Leopold I. 1658 die Huldigung der Bürgerschaft empfingen. Der Bau des Springbrunnens, der anstelle eines früheren Ziehbrunnens errichtet wurde, ist im Jahre 1594 begonnen und 1610 vollendet worden. Infolge der Baufälligkeit dieses Brunnens wurde 1769 ein Neuaufbau nötig, welcher 1770 unter der Leitung des Stadtbaumeisters J. Andreas Liebhard (oder Liebenhard) erfolgte, wobei Steinmetzmeister Scheidel die Steinmetzarbeit und Bildhauer Joh. Michael Datzerat Figuren und Ornamente schuf. Der Brunnen stellt einen aus dem Trog (Woge) aufsteigenden, von strahlender Sonne gekrönten Obelisken dar, an dem sich Wassergötter und andere figürliche Ausschmückungen zeigen.

Das Gutenbergdenkmal mit Gallusgasse

Als bei der vierten Jubelfeier der Erfindung der Buchdruckerkunst im Jahre 1840 Meister Eduard von der Launitz das große Modell eines Gutenbergdenkmals ausgearbeitet und über dem alten Herkulesbrunnen auf dem Rossmarkt aufgestellt hatte, war die Begeisterung für dieses bildhauerische Werk so groß, dass sofort der Wunsch, es für ewige Zeiten erhalten zu sehen, rege wurde und ebenso rasch ein Komitee für Ausführung und Förderung zusammentrat. Wir übergehen hier alles, was in der Folgezeit zwischen Wunsch und Vollendung lag, und beschränken uns nur auf wenige Worte über das Denkmal, wie es auf dem vorliegenden Blatt wiedergegeben ist. Nach der Vollendung hat das Denkmal denselben Platz als Standort bekommen, den vorher das Modell eingenommen hatte. Auf dem Rossmarkt, mit der Rückseite gegen die große Gallusgasse gewandt, erhebt es sich als prächtiger momumentaler Aufbau. Hoch oben thronen die drei Figuren von Gutenberg, Fust und Schöffer; unter diesen sind 14 Köpfe berühmter Buchdrucker an dem architektonischen Aufbau angebracht, hierunter befindet sich das Bildnis des Künstlers von der Launitz, nach der Gallusgasse blickend. Unter diesen Köpfen befinden sich in Nischen Figuren derjenigen Städte, in welchen die Buchdruckerkunst zuerst gepflegt wurde: Mainz, Frankfurt a. M., Venedig und Straßburg. Auf den vier quadratischen Sockeln sind die Figuren der Theologie, Poesie, Naturforschung und Industrie angebracht; vier wasserspeiende Tierköpfe: Stier, Elefant, Löwe und Lamm bezeichnen die Verbreitung der Buchdruckerkunst in Europa, Asien, Afrika und Amerika. Die figürliche Herstellung in Galvanoplastik geschah durch G. L. von Kress. Am 6. November 1854 wurde der Grundstein gelegt, in welchem einzig und allein das „Gedenkbuch" zur vierten Jubelfeier der Erfindung der Buchdruckerkunst niedergelegt ist.

Das Denkmal wurde im Jahre 1858 vollendet und aufgestellt. Hinter dem Denkmal öffnet sich die große Gallusgasse, links mit dem ehemaligen Mumm'schen Haus, ursprünglich „Feuerfunken" genannt, in dem Kaiser Franz I. bei seiner Krönung 1745 Wohnung genommen hatte, rechts das ehemalige Zeitmann'sche Haus.

Alte Schlesingergasse 6, Pfarrhof

Auf Seite 82 (Abb. rechts) ist bereits der Schlesingergasse und des ehemaligen dortigen Pfarrhauses mit Abbildung der äußeren Ansicht gedacht. Die Abbildung oben zeigt eine Ansicht des Pfarrhofes. Der bescheidene bürgerliche Bau lässt uns auf ein behagliches Heim schließen, wo sich in stiller Ruhe ein schlichtes Leben entwickeln kann. Ebenso prunklos ist die gärtnerische Anlage.

Große Gallusgasse 12

Das alte Frankfurt hatte außer der noch heute (um 1900) bestehenden Mainzer Gasse in dem vor der Altstadt gelegenen Teil eine zweite Gasse dieses Namens: „Menzer Gazze in der Nuwenstatt", allerdings mehr eine Landstraße, an der viele Höfe und Gärten lagen; diese führte von der damaligen Bockenheimer Pforte (jetzt Katharinenpforte) bis zum alten Galgentor. Nachdem im 14. Jahrhundert ein Teil derselben mit dem Heumarkt und dem Rossmarkt vereinigt worden war, erhielt der untere Teil von dem nahen Hochgericht vor dem Mainzer Tor den Namen Galgengasse. Zu den älteren Gebäuden dieser Straße gehört das Haus Nr. 12 (einst Hof zu Löwenstein). Erbaut ist es von dem Handelsherrn Behagel in den Jahren 1746–47; im Jahre 1778 kam es in den Besitz des Herrn von Loën und 1799 durch Kauf an die Witwe Auguste Luise Charlotte von Hohenstein, geb. Fleischbein von Kleeberg, und nochmals durch Erbschaft an die Familie von Holzhausen. Im Jahre 1863 kaufte es Johann Justus Reutlinger und legte in dem hinteren Teil einen Gastbetrieb an. Die Fassade des Hauses ist an den Fensterbögen reich mit Ornamenten versehen.

Rossmarkt mit Junghofstraße

Der Rossmarkt nimmt jetzt (um 1900) einen vornehmen Platz unter den baulichen Anlagen der Stadt ein; räumlich hervorragend und den Verkehr nach vielen Seiten hin vermittelnd, hat sich bis in neueste Zeit eine Reihe palastähnlicher, reich ausgestatteter Bauten erhalten. Die letzte größere Umwandlung geschah durch Errichtung des prächtigen Gebäudes der Diskont-Bank zwischen der großen Gallusstraße und der Junghofstraße. An dieser Stelle standen früher drei Gebäude mit ansehnlichen Fassaden, von denen das eine eines Prozesses mit der Stadt wegen längere Jahre halb niedergelegt als Ruine dastand. Dieser Teil des Rossmarktes ist in gewissem Sinne eine historische Stätte. Dort stand die Maternus-Kapelle, von der es heißt, dass ein frommer Bürger sie gestiftet hatte, der dabei aber so verarmte, dass er an den Bettelsack geraten ist. Über der Maternus-Kapelle stand der „Rosszoll", das Haus, in dem der Zoll für die Pferde entrichtet werden musste. Schudt berichtet in seinen jüdischen Denkwürdigkeiten, dass vor der Hinrichtung von Vinzens Fettmilch und Genossen auf dem Blutgerüst des Rossmarkts ihnen von den Fenstern dieses Gebäudes aus, die mit schwarzen Tüchern behangen waren, das Todesurteil vorgelesen wurde. Aber auch bei freudigen Festen spielte der Rossmarkt infolge seiner Lage und Räumlichkeit eine große Rolle. An der rechten Ecke dieser drei Häuser beginnt die heutige (um 1900) Junghofstraße, die aber erst in der zweiten Hälfte des 19. Jahrhunderts entstanden ist, da vorher dort ein langer, mit Gebäuden bestellter Hof lag, an dessen Ende das erste feste Komödienhaus stand, worin noch zu Goethe's Kinderzeit gespielt wurde; die Gebäude in dem Hofe wurden 1860 niedergelegt und dann die Straße eröffnet. Am Eingang in die Straße vom Rossmarkt aus gelangt man links in den sogenannten Stosshof (Nr. 3), geradeaus führt die Junghofstraße und rechts mündet die alte Rothhofstraße ein.

Junghofstraße, Lohnkutscherei Honecker

Bereits früher (Seite 78) haben wir ein Bild des in der heutigen (um 1900) Junghofstraße vom Rossmarkt aus links gelegenen „Stosshof" gegeben. Es zeigte die im Hofe selbst stehenden Gebäulichkeiten mit ihren vom Untergeschosse beginnenden Schieferbekleidungen. Die Liegenschaft bildet einen Doppelhof. Der Hof hat seinen Namen von seinem früheren Besitzer Heilmann Stoss, dem er 1361 gehörte, erhalten. Jahrelang befand sich die Lohnkutscherei von Honecker darin.

Der Rote Hof

Der Rote Hof, der in alten Zeiten den Namen Ramheit (Ramhof in der Nuwenstatt) führte, wurde im Jahre 1865 durchgebrochen und nachher als Rothhofstraße dem Verkehr übergeben. Der Rote Hof hatte seinen Eingang durch ein Tor nach der Bockenheimer Straße zu, aber keinen Ausgang nach dem Rossmarkt hin; ein solcher wurde erst später geschaffen, wahrscheinlich um 1740. Das Bild gibt die Baulichkeiten des Hofes, wie sie noch 1863 bestanden, wieder. Eine Urkunde vom Jahre 1390 führt ihn als „Ginheimer Hof", ebenso eine andere von 1438 als „Genne Ginheimer Hof in der Nuwenstatt" auf. Der älteste bekannte Besitzer war wohl Clas Appenheimer.

Ehemaliges Cronstedt'sches Stift

Das Cronstedt'sche Stift wurde beim Durchbruch der Kaiserstraße vom Rossmarkt in die Lindenstraße verlegt. Das Stiftshaus auf dem Rossmarkt hieß ehemals „Zum Kranichhof" und ist unter diesem Namen schon 1320 erwähnt. Durch testamentarische Bestimmung vom 11. Mai 1753 wurde es von dem im 89. Lebensjahre verstorbenen Fräulein Justine Katharine Steffan von Cronstedten neben anderen Zuwendungen als Stiftung zugewiesen, welche den Namen „von Cronstedt- und von Hynsperg'sche Adelige Evangelische Stiftung" führt und als Unterkunft für die im Testamente als berechtigt bezeichneten Personen dienen sollte. „*Was außer dem zur Wohnung der Stifts Personen gewidmeten Zwerchbau und dem dazu geschlagenen ehemaligen von Lersner'schen Garten in dem Haus zum Kranichshof an Gebäuden und Wohnungen noch übrig ist, soll nebst dem anderen Garten, der daran stößt, jederzeit an rechtschaffene Leute, so gut als möglich ist, verlehnt, und das Geld zum Nutzen des Stifts angewendet werden*", so heißt es noch weiter in dem Vermächtnis. Außer diesem städtischen Grundstück kam zu der Stiftung noch ein Besitztum vor dem Allerheiligentor, der frühere Iffland'sche Garten, später „Schlappe" genannt, sowie zwei in Carben und Rendel gelegene Güter. Das Haus blieb über 100 Jahre Eigentum der von Cronstedt'schen Stifts-Administration und ging 1875 in andere Hände über. Die alten Gebäulichkeiten waren indes in den Jahren 1865 und 1866 niedergelegt worden, um einem Neubau Raum zu geben, der von den Stiftsdamen im April 1869 bezogen wurde. Unser Bild ist im Jahre 1864 aufgenommen und zeigt die damaligen Gebäulichkeiten von der Gartenseite.

Frankfurt vom Mühlberg aus

Der Mühlberg ist der Stolz der Frankfurter. Seit Merians Zeiten hat es wohl wenige einheimische Landschafter gegeben, welche von der Höhe des Mühlbergs aus die im Tal liegende Stadt mit dem Taunus im Hintergrunde ihrem Pinsel oder Stift haben entgehen lassen. Sowohl die noch in den beengenden Grenzen eingezwängte alte Reichs- und Krönungsstadt als auch die spätere weitausgedehnte Großstadt boten dem Maler ebenso wie dem Beschauer ein anziehendes Panorama. Im Laufe der Zeiten hat dieses Bild manche Veränderung erfahren, aber den landschaftlichen Reiz entbehrt es auch heute (um 1900) noch nicht. Das vorliegende Blatt gibt eine Ansicht Frankfurts um die Mitte des 19. Jahrhunderts und zwar eine Aufnahme nach der Natur. Manche der im Vordergrunde liegenden Gebäude haben anderen Platz gemacht, da und dort ist der Blick durch neu entstandene, größere Bauwerke verkürzt, aber der Hauptcharakter des Ganzen ist auch jetzt (um 1900) noch erhalten, auch jetzt (um 1900) schaut das Auge noch auf Gärten und das Grün der Bleichen mit den niederen Waschhäusern und Trockenböden und führt die Gedanken auf vergangene Tage zurück und der meist in die Straßenzüge gebannte Stadtbewohner freut sich dessen, was aus der Vergangenheit geblieben ist. Der Pfarrturm in der Mitte des Bildes tritt mächtig hervor in seiner alten Gestalt, mit der unausgebauten Kuppel und der sogenannten „Reichslaterne“ versehen. Nach dem großen Brand im Jahr 1867 wurde der Turm von Denzinger nach den ursprünglichen Plänen wieder aufgebaut.

Friedberger Straße, Ecke Zeil, Haus Dr. Senfleben

Die Große Friedberger Straße nimmt ihren Anfang an der Zeil und endet bei der Vilbeler- und Schäfergasse. In früherer Zeit verstand man unter Friedberger Gasse die ganze Strecke von der Zeil bis zur alten Friedberger Pforte, d. i. bis zur jetzigen (um 1900) Bleich- und Seilerstraße. Durch den Bau der Festungswerke im 17. Jahrhundert nahm der obere Teil bis zur Vilbeler Gasse den Namen Alte Gasse an. Die Friedberger Gasse war im alten Frankfurt eine der ersten Verkehrsstraßen, namentlich für Wagenverkehr. Die großen Höfe, die zugleich auch Gasthäuser waren, gestatteten den Fuhrleuten die Einkehr und die Bergung ihrer großen Frachtfuhrwerke, die bis Stockwerkhöhe mit Ballen, Kisten und Fässern beladen und mit großen Packtüchern überspannt waren. Eine Reihe von Schmiedewerkstätten standen weit in die Straßen und waren schon ein äußeres Zeichen des starken Verkehres mit Zugpferden. Wir haben auf Seite 71 dieses Buchs des Hauses „Zum Deutschen Schütz" gedacht, welches am Eck der Friedberger Straße und der neuen Zeil gelegen ist und ursprünglich den Namen „Großer Kastenmeister" führte. Damals war es wohl von viel größerem Umfang, da es 1452 als Hof *(curia)* angeführt ist. Ihm gegenüber, das Eck der alten Zeil bildend, stand das Haus „Zum Ulmer". Nachdem es zuletzt Eigentum eines Sonderlings Dr. med. Senfleben war, wurde es im Jahre 1870 wegen Baufälligkeit abgerissen.

Große Friedberger Straße 9

Dieses ist schon von alters her als ein Backhaus bezeichnet, in dem am 17. Dezember 1667 durch Honigsieden ein Feuer ausbrach, das in der Nachbarschaft, besonders am „Fröhlichen Mann" großen Schaden anrichtete. Wenn das Haus auch keine besonderen baulichen Merkmale aufweist, so ist doch namentlich interessant, dass es, noch heute (um 1900) in seiner alten Gestalt bestehend, ein Bild gibt von der bescheidenen Einfachheit, in der im alten Frankfurt die Bäcker ihre Gebäckauslagen dem Auge ihrer Kundschaft darboten.

Große Friedberger Straße 47, Zum goldenen Reichsapfel

Das Haus ist bereits in einer Urkunde vom Jahre 1436 als ein Wirtshaus bezeichnet und scheint diesen Charakter auch bis zur jetzigen Zeit bewahrt zu haben. In dem Frankfurter Adressbuch von 1837/38 ist als Wirt der Bierbrauer Joh. Caspar Stöcker angegeben und dabei heißt es: „wo die Herberge für männliches Gesinde"; im Hausnummer-Verzeichnis von 1850 ist dagegen Clauer als Wirt genannt. Merkwürdigerweise wurde, als im Jahre 1886 das Haus einen neuen Anstrich erhielt, in dem hohlen Innern des abgenommenen Firmenschildes ein in Leder gehüllter Pack Schriftstücke gefunden, welche vom Jahre 1810 datierten und worin ebenfalls ein Bierbrauer Namens Clauer eine Reihe Notizen über die jedesmalige Renovierung, die Angehörigen der Familie, das Dienstpersonal und sogar über die im Haus verkehrenden Stammgäste notiert hatte. Das Bild, das noch ganz das alte Gepräge des Hauses zeigt, ist im Jahre 1901 aufgenommen.

Vilbeler Gasse, Ecke der Alten Gasse

Die Vilbeler Gasse hat erst in der ersten Hälfte des 15. Jahrhunderts in ihrer jetzigen Ausdehnung diesen Namen erhalten; früher hieß nur der obere Teil bis etwa zum „Pfau" die Vilbeler Gasse, während der untere Teil bis zur Friedberger- und Alten Gasse den Namen Bornheimer Gasse führte. Die Häuser des auf dem Bild sichtbaren Teiles der Alten Gasse sowie diejenigen der Vilbeler Gasse, vom Elefanten anfangend, sind 1904 niedergelegt worden, wodurch die beiden Straßen und der Kreuzungspunkt von vier Verkehrswegen wesentlich erweitert wurden.

Kreuzigungsgruppe auf dem Peterskirchhof und am Dom

Die alte St. Peterskirche, von der auf Seite 52 dieses Werkes eine Abbildung gegeben ist, bildete bis zu ihrer Niederlegung 1893 das Eck der Schäfer- und Alten Gasse. Auch die Ansicht des jetzt (um 1900) noch stehenden ehemaligen Pfarrhauses, das erst danach als sogenannte Kreuzerschule und als Kindergarten eingerichtet worden war, ist in diesem Werk und zwar auf Seite 7 (oben) wiedergegeben. Die alte St. Peterskirche war auf Sankt Petri Kettenfeier am 1. August 1452 eingeweiht worden. Ein Jahr nach ihrer Vollendung wurde auch der Kirchhof angelegt und nach und nach durch Kauf und Schenkungen erweitert. Dessen ältester Teil erstreckte sich von der Kirche bis zur alten Mauer, nahm also das Terrain des jetzigen freien Platzes und des Kindergartens ein. Als zu Anfang des 16. Jahrhunderts die Pest in Frankfurt viele Opfer forderte, wurde diese Friedhofstätte geschlossen und 1508 ein neues Stück für die Begräbnisse erworben, *„damit die lebendigen Menschen des schedeligen Geschmacks der Doten unbeschwert pliben mogen"*. Dieser neue Friedhof lag zwischen dem noch jetzt (um 1900) stehenden, allerdings zugemauerten Tor und der jetzigen Brönnerstraße, während die zweite und dritte Abteilung nach der Bleichstraße hin im 17. und 18. Jahrhundert dazuerworben worden sind. Hier wurde im Jahre 1510 das aus Laacher Tuffstein gearbeitete Bildwerk Christus am Kreuze, zu Seiten Maria und Johannes, aufgestellt und zwar, wie es bisher einer Niederschrift zufolge angenommen worden war, *„durch Hartmuth Nentern, einen reichen Gärtner und Ackermann zu seiner und zweier Ehefrauen Gedächtniss"*. Dies ist indes eine irrige Angabe, die sich, wie Pfarrer Battenberg bemerkt, wohl nur auf die Tatsache stützte, dass die erste Frau Nenters, Loryshildis, am Fuße des Denkmals begraben lag und am Fuße der einen Nebenfigur kleine Statuetten angebracht waren, betende Figuren, welche das Wappen Nenters und seiner Frau trugen. Nenter selbst wurde nicht am Denkmal, sondern an einer anderen Stelle des Friedhofs begraben. Pfarrer Battenbergs und anderer neuere Forschungen und Vergleichungen haben nun das merkwürdige Resultat ergeben, dass Nenter oder Nenser nicht der Stifter, sondern im Verein mit dem damaligen Pfarrer an der Peterskirche, Heinrich Winter, der Veranstalter von Geldsammlungen in der Gemeinde war, aus denen die Kosten für das Denkmal bestritten wurden, ferner, dass der kunstreiche Schöpfer desselben der 1514 in Mainz verstorbene und in dem ehemaligen Ignaz-Kirchhof bestattete „ersame meister Hans Backhoffer aus Sultzbach" war. Ohne allen Zweifel war es auch dieser Meister, welcher die Kalvarienberge der Kreuzigungsgruppen an der St. Ignatiuskirche in Mainz, vor der evangelischen Kirche in Wimpfen am Neckar und an dem Dome in Frankfurt a. M. geschaffen hatte. Sicher ist es, dass die hiesige Gruppe eine Stiftung Jakob Hellers ist. Die Domgruppe ist unter den drei genannten die am besten ausgeführte. Backhoffers Denkmal auf dem Peterskirchhof hatte unter den Einflüssen der Witterung und auch anderen Beschädigungen stark gelitten und wurde durch den Frankfurter Bildhauer Karl Rumpf sorgsamst restauriert; es ist zum besseren Schutz an eine andere Stelle des Friedhofs versetzt worden; durch Verbreiterung des Weges und Legung des Straßenbahngeleises ist hier ein größerer Verkehr erschlossen worden.

Klapperfeldgefängnis

Unter dem Namen Klapperfeld verstand man früher eine große, wellig bebaute Gegend im nordöstlichen Teil der Stadt außerhalb ihrer Ringmauern. Der Name Klapperfeld soll daher kommen, dass im Mittelalter zur Zeit der Kaiserwahlen das dort versammelte Volk, sobald es die Wahl des neuen Königs erfuhr, durch Klatschen mit den Händen und die Adeligen durch Aneinanderschlagen ihrer Schilde für den Erwählten die freudige Zustimmung ausdrückten. Im „Schwabenspiegel" heißt es: „*Als man den König erwelen wil, das sol man thun zu Franckfurt oder auff dem Plane vor der stat. Und lesst man die Fürsten nit in diese stat so megent sy in mit recht erwelen vor der statt.*" Auch die Klappergasse in Sachsenhausen soll von der Wahl Friedrichs des Schönen von Österreich im Jahre 1313 gegen den dort vor der Stadt gelagerten Ludwig von Bayern ihren Namen erhalten haben. Das hier abgebildete Gefängnis erhielt seinen Namen von dem Platz, auf welchem es errichtet wurde.

Alte Gasse 21, Zur Bunten Leuchte

Die Alte Gasse war früher eine Fortsetzung der Friedberger Straße und führte bis zu der damaligen Pforte (an der Bleichstraße). Seit Verlegung der alten Pforte und Erbauung des jetzigen (um 1900) Tores erhielt die Strecke von der Vilbeler Gasse bis zur Bleichstraße den Namen Alte Gasse. Mit der Verlegung des Tores ging auch der Fuhrverkehr auf die Vilbeler Gasse, welche zum neuen Tor führt, über. Wie auf der großen Friedberger Straße befand sich auch hier eine Anzahl großer Höfe, wie noch jetzt (um 1900) erkennbar ist. Bei all der starken Umwandlung haben sich doch noch Teile der früheren Straße erhalten. Zwischen dem ehemaligen Petersgässchen, dem schmalen Gässchen hinter der Kirche, das jetzt durch Verschwinden dieser zu einem Platz erweitert ist, und dem nächsten Stumpfgässchen stand und steht noch jetzt (um 1900) ein Block von sechs Häuschen, die sich von der Alten Gasse bis zum Peterskirchhof hindehnen. Die Ecke des Stumpfgässchens bildet eines davon und ist jetzt (um 1900) mit der Nummer 21 bezeichnet. Es heißt im Volksmund „die Bunte Leuchte". Das vorliegende Bild davon lässt einen Blick in die ganze Tiefe der Anbauten zu.

Seufzerallee

An dem oberen Teil des Öderwegs, dem von Holzhausen'schen Park gegenüber, bog noch bis in die Mitte des 19. Jahrhunderts rechts von der Straße ein von Rüstern und Buschwerk auf beiden Seiten gesäumter Pfad nach dem ehemaligen Stallburg'schen Hofe ab. Die Stille, dessen sich dieser von der Stadt entfernt gelegene Weg meistenteils erfreute, veranlasste die, welche gerne die Einsamkeit aufsuchten, namentlich Liebespaare, die Stelle zu ihren abendlichen Spaziergängen zu wählen. Der Volksmund gab deshalb dem Weg den Namen „Seufzerallee". Heute (um 1900) ist der Weg verschwunden und eine breite Straße, mit hohen Häusern besetzt, bietet keine Gelegenheit mehr zu heimlichem Stelldichein.

Kirchhofsweg

Die mit diesem Namen allgemein belegte Eckenheimer Landstraße hatte vor verschiedenen Dezennien ein ganz anderes Aussehen als heute (um 1900). Neben einigen größeren Ökonomiegütern und mehreren größeren Wirtschaftsgärten gab es nur am Anfang der Straße enger beieinander stehende Gebäude; weiter hinaus waren nur einzelne Häuser zu erblicken. Zu beiden Seiten des Weges zog eine doppelte Lindenallee bis zu dem Friedhof, die den Wandernden Schatten bot. Das vorliegende Blatt gibt ein Bild des letzten Restes dieser schönen, jetzt verschwundenen Allee wieder.

Der Eschenheimer Turm

Unter den Resten der alten Befestigung der Stadt steht der Eschenheimer Turm als ein großartiges Muster der Wehrbauten da. Meister Madern Gertener, der Baumeister des Pfarrturms, hat den von allen Baukundigen bewunderten Turm entworfen. Ende Juni 1400 wurden die ersten Steine zum Fundamente gelegt und im November war die Tordurchfahrt fertiggestellt. Von da ab ruhte der Bau, bis Madern Gertener vom Frühjahr 1426 bis 1428 den runden Oberbau bis zur Spitze ausbaute. Dem Turm drohte mehrfach das Verderben, das glücklicherweise abgewendet werden konnte; er blieb der Stadt erhalten und wurde 1885 gründlich restauriert, sogar die Wetterfahne mit dem „Neuner" wurde erneuert. Über einem quadratischen Unterbau erhebt sich der runde Turm, der im Innern sechs Geschosse hat, darüber ein Gurtgesims mit Wehrgang und Zinnen und vier Erkertürmchen, welche einen Turmhelm umstehen, in dem sich wieder drei Geschosse befinden. Außen am Turm zeigt sich, von Meister Gertener herrührend, nach der Feldseite ein Reichsadler, nach der Stadtseite ein Frankfurter Adler. Als Schlussstein des südlichen Torbogens ist ein Kopf mit Schnurrbart und Mütze zu erblicken, der den Wilddieb Hans Winkelsee darstellen soll, den Schützen, der den „Neuner" in die Wetterfahne schoss.

Der auf dem Bild sichtbare Efeu, welcher beinahe so alt wie der Turm selbst war, ist Ende des 19. Jahrhunderts eingegangen. Das Gebäude links vom Turme ist das Senckenberg'sche naturhistorische Museum.

Die Hochstraße mit Bockenheimer Tor

Unser Bild gibt eine in dem Jahre 1870 aufgenommene Ansicht der Mündung der Hochstraße in die große Bockenheimer Straße wieder. Bekanntlich sind die alten Festungswerke in den Jahren 1804 bis 1812 abgebrochen worden, wobei auch die Bürger mit zur Arbeit herangezogen wurden. Statt der Festungswälle wurden Straßen angelegt, die von dem Volksmund aber noch allgemein mit „Wälle" bezeichnet wurden, während die Gräben, wenn auch eingeengt, als Wassergräben noch blieben. Mit der Niederlegung der Wälle fielen auch die alten Festungstore und unter der großherzoglichen Regierung wurden neue Ausgänge angelegt, die aber des Abends mittelst eiserner Staketentore geschlossen wurden. So geschah es auch mit dem im Jahre 1809 erbauten Bockenheimer Tor, damals hieß es das Mainzer Tor. Der ehemalige Bockenheimer Turm, der vom Jahre 1496 stammte, wurde erst im Jahre 1810 abgebrochen und an dessen Stelle 1811 ein Haus erbaut. Seit jener Zeit hat der auf dem Blatt ersichtliche Straßenabschluss ein ganz anderes Aussehen erhalten; wir sehen hier noch die Andreae'sche und Scherbius'sche Liegenschaft nebeneinander, an deren Stelle jetzt (um 1900) das von Richard Lucas erbaute und am 20. Oktober 1880 eröffnete Opernhaus auf geräumigem Platz in schöner Anlage steht. Auf dem Bild befindet sich auf der Stadtseite noch die alte Waage zum Wägen der Fuhrwerke und ihrer Beladung; diese hat seitdem einem Uhrtürmchen Platz gemacht.

Der Riederhof

Die in der Frankfurter Gemarkung liegenden Höfe mit ihren zugehörigen Feldern und Wiesen konnten im Mittelalter, als Fehden und Überrumpelungen an der Tagesordnung waren, eines festen Schutzes nicht entbehren. Die Höfe wurden entsprechend befestigt und mit Gräben umgeben, die Mauern mit Schießscharten versehen, an den Toren Zugbrücken angelegt und meist ein Turm angebaut. Von diesen Höfen um Frankfurt ist der Riederhof einer der ältesten; er ist bereits 1193 erwähnt. Damals kaiserliches Eigentum, wurde er in dem genannten Jahr von Kaiser Heinrich VI. dem Frankfurter Schultheißen Wolfram als Lehen gegeben. Wolfram machte ihn später dem Kloster Haina zum Geschenk und dieses übergab den Hof an das Kloster Arnsburg. Letzteres wiederum ließ ihn im Jahre 1321 an den Grafen Ulrich von Hanau gelangen. Von dem Grafen Ulrich kaufte der Frankfurter Bürger Albrecht von Esslingen den Hof und von diesem der Frankfurter Bürger Frosch, von dem wahrscheinlich der kleine Riedhof erbaut wurde. Der Riederhof besteht nämlich aus zwei Höfen, dem älteren großen und dem jüngeren kleinen Hof, jeder für sich durch Mauern getrennt. Später besaßen Siegfried von Holzhausen mit Konrad Weiss den Hof und Clas Landskron wurde Miteigentümer. Nach mehrfachem weiterem Besitzwechsel wurde 1492 der Hof Eigentum des Hospitals zum Heiligen Geist, das ihn in der Folge an andere in Pacht gab. Im Laufe der Zeit wurden auf romanischen Bauunterlagen neue Bauten errichtet: das Herrenhaus, im 15. Jahrhundert umgebaut, der dicht am Wohnhaus gestandene Turm, die Kapelle etc. Der Graben wurde 1543 verbreitert und überbrückt und blieb bis 1791 erhalten, zu welcher Zeit er ausgefüllt und mit Bäumen bepflanzt wurde. Später haben Professor Pelissier und Baumeister Thomas vieles von dem oben Gesagten genauer festgestellt und eingehendere Untersuchungen vorgenommen, welche auf die einzelnen Bauten Bezug nehmen. Das vorliegende Bild zeigt das Einfahrtor und die Frontmauer des großen Hofes mit dem interessanten gotischen Überbau, an dem sich das Wahrzeichen des Hospitals zum Heiligen Geist, eine Taube, mit der Jahreszahl 1492 eingehauen befindet.

Ostbahnhof

Im Verlauf des 19. Jahrhunderts hat die Umgebung Frankfurts nach Osten eine starke Veränderung erfahren. Am Ende des 15. Jahrhunderts sind am Röderberg nach und nach Weinberge (Weingärten) angelegt worden. Dies geschah nach Ausrottung der kleineren Waldungen, von denen die alten Flurbenennungen noch Zeugnis geben, wie „Buchwald", „Scheidswald" u. a. Nach dem Main zu bestand die Niederung aus Feld und Wiesen: Metzger-Weide, Main-Wasen, Bruch an der Metzger-Weide, Feld vor dem Altenberg, Rieder-Bruch und wie die einzelnen Flächen alle heißen; sie waren durchflossen von dem Lairbach oder Königs- oder Riedergraben. Später fasste man die ganze Gegend, obschon nur ein Stück davon den Namen führte, mit der allgemeinen Bezeichnung Fischerfeld zusammen. Von dem jetzigen (1904) Allerheiligentor führt die Landstraße (Hanauer Landstraße) ostwärts an den Riederhöfen vorüber nach Hanau zu. Die Gegend war wenig bebaut, das älteste größere bebaute Grundstück war der „Barckhaus Garten", der hinten an den Metzgerbruch stieß. Nach und nach wurden weitere Strecken bebaut, bis Anfang des 19. Jahrhunderts aber immer nur vereinzelt, wie der Reid'sche Garten, Ifflands Garten etc. Von da ab ging die Bebauung rascher und zog sich bis auf die Höfe des Röderbergs. Die Hanauer Bahn wurde im Jahre 1849 unter der Direktion des Ingenieurs J. P. W. Zobel in Betrieb gesetzt und brachte neuen Verkehr; im Jahr 1856 begannen die Verhandlungen wegen der Anlage der Verbindungs- und Hafenbahn, die aber erst am 17. Januar 1859 eröffnet werden konnte. 1863 wurde die Ostendstraße bebaut. Im Jahre 1898 unterbreitete der Magistrat den Stadtverordneten einen Vertrag, die Umgestaltung der Eisenbahnanlage im Osten und die Führung der Stockheimer Bahn nach Frankfurt betreffend; die Verhandlungen darüber in den städtischen Organen und mit der Regierung nahmen lange Zeit in Anspruch, sind indes jetzt (1904) soweit beendet, dass der Umbau des Ostbahnhofs nicht mehr in weiter Ferne liegt. Unser Bild gibt den alten Bahnhof, wie er bis 1904 seit mehr als einem halben Jahrhundert gestanden hatte, in seiner schlichten anspruchslosen Form wieder.

Das Allerheiligentor

Gegen Osten bot von alters her die Rieder- oder Röderpforte den Ein- und Ausgang der Stadt. Neben der Pforte erhob sich ein viereckiger Turm, dessen Fundament 1343 gelegt, der aber erst 1381 erbaut wurde. Nach der Erbauung der Allerheiligenkirche im Jahre 1369 nahm die Riederpforte den Namen Allerheiligentor an. Bei dem 1628 angefangenen Festungsbau nahm die Passage unter einem Wallgewölbe ihre Wendung nach dem nördlichen Zwinger und einem dort neu erbauten Tor. 1809 beseitigte man die alte Pforte mit ihrem Turm und verlegte das neue Tor etwas weiter von der Stadt. Die beiden (1904) noch stehenden Gebäude wurden errichtet, von welchen das Zollhaus in vergoldeten Buchstaben die Bezeichnung „Hanauer Hof", das Wachthaus die Angabe „ERBAUET MDCCCX" erhielten. Die zuvor erwähnte Allerheiligenpforte, in welcher sich eine Wachstube und ein Gefängnis befand, wurde nebst dem dabei befindlichen Platz veräußert und bildete den Krohnischen Garten. Das Torgebäude wurde überbaut und nahm den „Kaufmännischen Verein" in seinen Raum auf. Der Torverschluss wurde 1864 entfernt.

Die Allerheiligengasse

Wie schon das Bild auf Seite 192 vom Tor aus einen Einblick in die Allerheiligengasse gewährt, so auch das vorliegende Blatt. Auf Ersterem ging der Blick bis zur Allerheiligenschule, welche anstelle der früheren Allerheiligenkirche errichtet wurde. Die Schule, eine evangelische Knaben- und Mädchenschule, war als Volksschule am 17. Mai 1824 eröffnet worden; seit einer Reihe von Jahren ist sie nach der Hanauer Landstraße verlegt. Die kleinen, mit Schiefer bekleideten Häuser sind noch vom alten Schlage, wie sie von den Gärtnern in Frankfurt und Sachsenhausen gebaut wurden.

Große Fischergasse

Auf Seite 83 befindet sich eine Abbildung des Hauses „Stadt Darmstadt" in der Fischergasse. Auch das vorliegende Bild gewährt einen Blick auf einen Teil dieses Hauses, zugleich aber auch auf die genannte Straße und das alte Gasthaus zum „Stift" im Hintergrund sowie auf den Fischer-Brunnen. Das „Stift" führte früher den Namen „Alter Steinkopf" und stammt aus dem Jahre 1423. Anfangs war es ein Bankhaus, dann Herberge der Weißgerberzunft und endlich Gasthaus. In den 1840er-Jahren verkehrten hier die im Deutschordenshaus wirkenden Maler Philipp Veit, Settegast etc. und ihre Freunde Prof. Hechtel, Carl Wilhelm, der Komponist der „Wacht am Rhein" und andere. Der Maler Carl Ballenberger hatte dorten Wohnung und Atelier aufgeschlagen und König Ludwig I. von Bayern scheute sich nicht, die Stufen zu der hoch oben liegenden Werkstätte des Künstlers hinaufzusteigen. Der vor dem Haus stehende Brunnen, ehemals ein Ziehbrunnen, wurde gegen Ende des 18. Jahrhunderts in einen Pumpbrunnen umgewandelt und auf die frei stehenden Säule eine Statue gesetzt, Neptun mit seinem Dreizack einen Delphin erspießend. Das Eckhaus rechts hieß der „Christophel" und war schon um 1440 ein Backhaus. Es war auch das Geburtshaus des verstorbenen Schauspielers Conrad Degen.

Die Goldene Hutgasse

Vom Römerberg (Samstagsberg) aus kommt man an dem „Kleinen Römer" (Nr. 4) vorüber in eine Gasse, die ursprünglich den Namen Flößergasse führte; diese erweitert sich zu einem unregelmäßigen Plätzchen, das ehemals den besonderen Namen „auf den Rosen" hatte, dann aber allgemein „das Goldene Hutplätzchen" genannt ward. In dieses Plätzchen laufen jetzt (um 1900) noch vier Gässchen vom Markt aus ein: Rapunzelgässchen, Drachengässchen, Schwertfegergässchen und Goldene Hutgasse. Von Letzterer erblicken wir auf dem Blatt rechts das doppelte Eck (Nr. 2). Es scheint früher den Namen „Zum Widder" geführt zu haben. Wir befinden uns hier in einem echten Stück Alt-Frankfurt, das kaum irgendeine Veränderung im Laufe der Jahre erlitten hat; das genannte Haus gibt ein Beispiel, wie unsere Vorfahren ihre Gebäude in den eng bemessenen Raum eingefügt haben. Gegen Ende der 1830er-Jahre war es im Besitz des Spenglers Georg Daniel Schäfer und jetzt (1904) in dem der Frau A. M. Wenzel. Beim Ausgang des Drachengässchens befindet sich der „Fleischerbrunnen", ehemals Flößerbrunnen genannt, ein schöner Säulenbrunnen mit Figur darauf. Er steht nicht weit von dem genannten Haus Nr. 2 („Widder").

In der Gelnhäuser Gasse

Die Gelnhäuser Gasse, welche Schnurgasse und Töngesgasse verbindet, hat nach Battonns Meinung ihren Namen von einer Familie, die wohl aus Gelnhausen eingewandert ist und über größeres Besitztum in dieser Straße verfügte. Sicher hatte schon im Jahre 1322 eine Gudela „der Geylnhusern Dochter", wie in einem Testamente von 1333 eingezeichnet ist, mehrere Häuser dort in Besitz. Über die Straße ist nicht viel mehr zu sagen; es standen darin Vikarienhäuser des Bartholomäus-Stiftes, des St. Katharinenklosters und wahrscheinlich der nahe wohnenden Antoniter, sowie ein Gasthaus „Stadt Eisenach" (Nr. 5) und ein Brauhaus (Nr. 4). Bei der großen Feuersbrunst am 26. Juni 1719, die im Haus des Bierbrauers Joh. Nic. Käs in der Bockgasse ausbrach und in 15 Stunden 400 Häuser in Asche legte, brannte die ganze Gelnhäuser Gasse mit Ausnahme von drei Häusern an der Schnurgasse nieder, sodass also hier von den älteren Bauten nichts mehr vorhanden ist. Das Bolongaro'sche Besitztum (Töngesgasse 13, „Goldner Engel") stieß auf einer Seite auf die Gelnhäuser Gasse. Dieses Haus war einst ein vielbesuchtes Gasthaus, in dem im Jahre 1548 ein Georg Dichtel als Wirt genannt wird; 1734 wurde dasselbe von dem Tabaksfabrikanten Bolongaro-Crevenna gekauft. In der Gelnhäuser Gasse befanden sich zwei Brunnen, von denen der eine am unteren Ende bei der Schnurgasse stand; es war früher ein Ziehbrunnen, später ein Pumpbrunnen, und wegen der Güte seines Wassers wurde es auch von entfernt gelegenen Wohnungen geholt.

Löhergasse

Auf Seite 41 dieses Werks ist bereits über die Löhrgasse in Sachsenhausen berichtet. Sie hat ihren Namen von den dort nahe dem Fluss zahlreich wohnenden Lohgerbern, nahm ihren Anfang bei der Brückenstraße und endigte bei dem Spital der Heiligen Drei Könige an der ehemaligen Fischergasse. Die Gegend bei der Brücke an der Brückenstraße, der höchste Punkt des alten Sachsenhausens, hieß „auf dem Stockberg"; hier hatte wohl ein Stock oder Pfahl gestanden, an den die Verbrecher festgebunden und öffentlich zur Schau gestellt wurden. Davon erhielt der Brunnen auch den Namen Stöckerbrunnen. Nächst dem Schweickardtshof geht die Straße tiefer und hier erhebt sich ein hoher Säulenbrunnen, über dessen Zahnschnittgesims eine Vase mit der Unterschrift „Löhrgässer Brunnen" thront. Die Säule ist das Werk des Steinmetzen Meyer, die Bildhauerarbeit lieferte Aufmuth. Der Brunnen selbst stammt aus dem Jahre 1801.

Elisabethenstraße von der Paradiesgasse aus

Auf Seite 43 dieses Werkes befindet sich eine Ansicht des Plätzchens bei der Paradiesgasse mit dem Bäckerbrunnen. Das gegenwärtige Bild ist mehr von rechts nach der Klappergasse zu aufgenommen und gewährt den Blick auf die Elisabethen- und Dreikönigsstraße mit der Dreikönigskirche im Hintergrund. Es bietet einen an dieser Stelle noch wenig veränderten Teil der Sachsenhäuser Altstadt. Die Elisabethenstraße hieß ursprünglich Rödergasse; von der auf dem deutschherrischen Kirchhof am Anfang des 14. Jahrhunderts erbauten Elisabethenkapelle erhielt sie den Namen Elisabethenstraße. Das sichtbare Eckhaus führt den Namen „Rotes Kreuz".

Dreikönigsbrunnen

Die Dreikönigsstraße führte früher von der Elisabethenkapelle, welche um 1320 auf dem ehemaligen deutschherrischen Friedhofe gestanden hatte, bis zur Oppenheimer Pforte. Jetzt (um 1900) beginnt sie an der Brückenstraße und endigt bei einem vor der Straße eingerückten Doppelhaus (Nr. 61), während die andere Hälfte des Hauses (Nr. 63) den Beginn der Färberstraße bezeichnet.
Nicht weit von dieser Stelle steht der Dreikönigsbrunnen. Auf einem viereckigen Schaft mit Fries und schwerem Gesims stehen die bemalten Steinfiguren der Heiligen Drei Könige, darunter befindet sich am Gesimse die Inschrift „zum Dreikönigsbrunnen". An der Säule selbst sind mehrere Namen angebracht.

Happelgasse

Auf der rechten Seite der Dreikönigsstraße, etwa in deren Mitte, befindet sich ein schmales Gässchen, das diese mit der Löhergasse verbindet. In dieser sieht man etwa ein Dutzend Häuschen, meist nur mit zwei Geschossen nebst Giebelgeschoss und in ihren oberen Teilen mit Schiefer bekleidet.
Der Name Happelgasse kommt erst 1586 vor, früher heißt es vielfach Happengasse und auch eines „Happenhofes in Sachsenhausen" ist Erwähnung getan, woher das Gässchen den Namen haben dürfte.

Von der jetzigen Bethmannstraße fällt der Blick auf ein altes Gebäude, welches auf der einen Seite auf die Rothekreuzgasse (sie führte bis zum 17. Jahrhundert den Namen Dieterichsgasse), auf der anderen Seite auf die Rosengasse stößt. Dieses Anwesen, damals Hof und Garten, gehörte im 14. Jahrhundert der Patrizierfamilie zum Wedel und gelangte später an die Familie Knoblauch. Das Ganze bildet jetzt einen von vier Bauflügeln umschlossenen Hof mit dem Haupteingang nach der Bethmannstraße (früher Schüppengasse), und zwar durch ein Tor, welches mit einem Stockwerk überbaut ist.

Dieses breite Portal (Bild oben), ein massives Gefüge, ist sowohl in seinen beiden Pfeilern als auch in der Wölbung und deren abschließenden Zwickelfeldern aus Diamantquadern hergestellt. Rechts über dem Portale sind auf einem Tragstein zwei Löwenköpfe ersichtlich.

Im Innern des Hofes fällt vor allem der fast noch vollständig erhaltene Nordflügel ins Auge: auf einem einfach gehaltenen unteren Steinbau ruht ein Fachwerkgeschoss mit vorzüglicher Holzornamentierung (Bild unten). In einem Schildchen über der Tür ist die Jahreszahl 1587 angebracht. Die oben genannte Holzornamentik ist im oberen Teil einfach gehalten. Auf dem verhältnismäßig hohen Dach sehen wir eine zierliche Dachgaube, deren Fenster ebenfalls in reicher Holzverzierung umrahmt ist. Ein früherer Eigentümer der Liegenschaft, H. S. Langenbach, hat die Fassade dieses Nordbaus durch den Architekten Otto Lindheimer restaurieren lassen.

Zur Goldenen Waage, Alter Markt

Hier standen früher zwei Häuser: das Eckhaus, das als Haus Colmann bezeichnet wurde und das nebenstehende „Zur alten Hölle"; im Anfang des 15. Jahrhunderts wurden beide vereinigt und im Laufe des 16. Jahrhunderts tauchte der Name „Goldene Waage" auf. Im Jahre 1450 war eine Trinkstube darin. Später erwarb es die Stadt und ließ es von dem Architekten von Hoven im alten Stile restaurieren. Über dem aus Sandstein errichteten Erdgeschoss erheben sich zwei in starken Überhängen hervorspringende Obergeschosse aus Fachwerk und darüber der zweigeschossige Giebel, an der Marktseite ebenfalls Fachwerk zeigend; dieses war aber lange Zeit mit Schiefer verkleidet. Das Untergeschoss aus rotem Sandstein gewährt einen überaus schönen Anblick. Die Pfeiler sind in Diamantquadern gearbeitet und umschließen nach dem Markt zu zwei breite Bogenfenster nebst Ladentüre. Der Ladenraum war früher ein großes Gewölbe, welches aber später geteilt wurde. Die rundbogigen Oberlichter sind mit prächtigem Gitterwerk versehen, die auf den Pfeilern ruhenden Tragsteine mit Löwenköpfen verziert. Der Tragstein des Eckpfeilers zeigt eine hockende weibliche Figur, die von Früchten umgeben ist. In ähnlicher Weise ist die Seite nach der Höllgasse gehalten. Die Eckpfeiler der Obergeschosse sind in Holz geschnitzt, zeigen aber einfachere Tragsteine. Auf der Plattform bildet ein geschieferter schöner Kuppelbau den Ausgang der Wendeltreppe des Treppenturms. Auf dem Dach befindet sich die auf Seite 28 (rechts) schon dargestellte Dachlaube nebst Brunnen, von hier aus erschließt sich eine überraschende Aussicht nach dem Pfarrturm und der Stadt. Die Stuckdecke im Saale des ersten Obergeschosses ist figürlich reich ausgestattet. Unser Bild gibt das Haus aus der Zeit wieder, als seine Ansicht noch durch die schmale Höllgasse beengt war; jetzt gewährt es durch den Abbruch der ihm gegenüber in engster Entfernung gestandenen Häuser und durch die dadurch bewirkte Freilegung des Domes einen fesselnden und interessanten Anblick.

Zur Goldenen Waage

Die Abbildung gibt eine Ansicht des Hofes. Wir sehen rechts den Eingang zum hinteren Flügel des Erdgeschosses, in der Mitte eine eiserne Tür, in symmetrischem Flächenmuster gearbeitet und mit einem Klopfer versehen. Über den Treppenturm haben wir bereits auf Seite 28 (links) berichtet und eine bildliche Darstellung davon gebracht.

Die Judengasse

Die älteste Niederlassung der Juden in Frankfurt unter der christlichen Bevölkerung dauerte bis um die Mitte des 15. Jahrhunderts. Auf Befehl des Kaisers Friedrich III. musste den jüdischen Familien ein besonderes Quartier außerhalb der eigentlichen Stadt angewiesen werden und der Rat erachtete die Nähe des Wollgrabens als den geeignetesten Platz. Um das Jahr 1465 wurden dort errichtete Wohnhäuser bezogen. Der Grund und Boden blieb der Stadt, die Wohnungen wurden den Juden gegen Mietzins überlassen. Erst später konnten Eigentumsrechte auf Juden übertragen werden. Die anfängliche Ausdehnung dieser Judengasse ging von der Bornheimer Pforte bis zum Dominikanerkloster. Es wurden nur auf der Ostseite der Straße Bauten errichtet und diese blieb durch eine Mauer von der Allerheiligengasse getrennt. Erst in der zweiten Hälfte des 16. Jahrhunderts wurde das Quartier durch Vermehrung der Wohnhäuser erweitert. Im Jahre 1536 zählte man nur 58, 1612 schon 195 Häuser, davon 111 auf der Westseite und 84 auf der Ostseite, 1711 zählte man 207 Häuser, wovon 115 auf der Westseite und 92 auf der Ostseite standen. Am 14. Januar 1711 fand der große Judenbrand statt, welcher die Gasse gänzlich zerstörte; aber sofort wurde mit dem Wiederaufbau begonnen und die Synagoge konnte schon im Herbst desselben Jahres wieder benutzt werden. Der Ausbau der anderen Häuser dagegen zog sich bis 1716 hin. Am 28. Januar 1721 brach abermals ein Brand aus, welcher 111 Häuser in Asche legte. Am 19. Juli 1796 verursachte die Beschießung der Stadt seitens der Franzosen den dritten größeren Brand, hiervon wurden 140 Baulichkeiten im nördlichen Teil betroffen. Durch den Wiederaufbau entstand die „Bornheimer Straße". Der andere Teil der Gasse blieb bis 1840 ziemlich im alten Zustand, aber von da ab kamen Lücken in diese, namentlich in den 1860er-Jahren, die letzten Häuser wurden 1874 auf der West- und 1885 auf der Ostseite niedergelegt.

Unser Bild zeigt die Straße nach einer fotografischen Aufnahme aus dem Jahre 1868, nachdem die westliche Seite fast gänzlich niedergelegt war. Das letzte Haus rechts (östlich), welches vor dem auf der westlichen Seite noch stehenden gestützten Gebäude sichtbar ist, war das sogenannte „Steinerne Haus", der einzige aus Stein aufgeführte Bau der alten Judengasse.

Das Stammhaus der Familie Rothschild

Die vorliegende Ansicht ist nach einer Fotografie von C. F. Mylius vom Jahre 1868 wiedergegeben. Der Einhorngasse (dem ehemaligen Judenbrückchen) gegenüber steht in der „Börnestraße" mitten unter gleichförmigen Neubauten ein altväterlich schlichtes Haus, das sofort an alte Zeiten gemahnt. Es ist das Stammhaus der Familie Rothschild. Wir haben im Vorhergehenden schon bemerkt, dass im Jahre 1885 der letzte Rest der Straße niedergelegt wurde; auch dem Stammhaus der Familie Rothschild drohte dieses Schicksal. Das Haus war 1711 erbaut worden und 1743 wurde der Begründer des Geschäftshauses Rothschild, Maier Amschel, darin geboren. Das Andenken an die Stätte, an welcher der Grund zum Aufblühen des Geschäftes gelegt war, sollte gewahrt werden und so scheute die Familie keine Kosten, das Alte, soweit es ging, zu erhalten. DieFassade wurde in die Baulinie zurückgesetzt, wieder aufgeführt und so das Haus in seiner ursprünglichen Gestalt als ein über dem Sandstein-Unterbau sich erhebender Holzbau belassen. Auch das Innere wurde ganz in seiner alten Verfassung restauriert, namentlich das ehemalige Wohnzimmer der 1849 hier verstorbenen Frau Maier Amschel Rothschild, geborene Gudula Schnapper. Die anderen Zimmer blieben nicht unbenutzt, denn einem ehemaligen Beamten des Bankhauses wurde die Verwaltung des Hauses sowie der Wohltätigkeits-Stiftungen der Rothschild'schen Familie übertragen.

Börnes Geburtshaus, Judengasse

Die weiße Gedenktafel, die an dem Geburtshaus Ludwig Börnes angebracht war, wurde bei Niederlegung dieses Hauses entfernt und dem Historischen Museum zur Aufbewahrung übergeben. Das Haus lag dem Ausgang der Battonnstraße in die Börnestraße gegenüber. Durch die Fotografie ist uns wenigstens ein Bild davon erhalten geblieben. Das Haus ist erkenntlich, etwas rechts von der Mitte stehend, an den helleren Tönen und an der an dem Wandpfeiler neben der Haustüre angebrachten Tafel.

Israelitischer Friedhof

Am Börneplatz neben der Synagoge und andererseits von der ehemaligen Judenmauer umgrenzt liegt der alte, 1828 geschlossene israelitische Friedhof, angelegt in der zweiten Hälfte des 13. Jahrhunderts. Kurz und treffend sagt darüber Direktor Dr. H. Baerwald: *„Zwischen dichtem Gestrüpp und niedrigem Gebüsch ragen aus dem unebenen Boden Tausende von senkrecht in das Erdreich eingelassenen breiten, massiven Tafeln von rotem Sandstein hervor. Die meisten sind tief in den Boden eingesunken, verwittert, fahlgrün, mit Moos bedeckt; alle tragen auf der breiten Vorderseite Inschriften in hebräischer Quadratschrift.*" Von ca. 6000 Grabsteinen stammen 75 Stück aus den Jahren 1272 bis etwa 1400.

Der israelitische Friedhof zählt zu den ältesten Deutschlands und ist für die Geschichte der Juden in Deutschland von Wichtigkeit. Die älteste Grabschrift stammt vom Monat ab 5032 der jüdischen Zeitrechnung, d. i. Juli 1272, also aus einer Zeit, wo die Juden noch in der Nähe des Domes wohnten, woraus hervorgeht, dass wahrscheinlich schon damals die jüdische Begräbnisstätte vor der eigentlichen Stadt lag. Rabbiner Dr. Horowitz hat in seinem Werke: „Die Inschriften des alten Friedhofs der Israelitischen Gemeinde zu Frankfurt a. M." nicht weniger als 5363 Inschriften auf den Leichensteinen der israelitischen Gräber abschreiben lassen und zum Abdruck gebracht. In dem Fettmilch'schen Aufstand im Jahre 1614 flüchteten viele Juden mit Weibern und Kindern, mit Hab und Gut auf diesen Friedhof, wo sie, in ihre Sterbekleider gehüllt, den Untergang erwarteten, jedoch gerettet wurden. Auf Seite 56 haben wir die Ansicht der sechs kleinen Häuser an der südlichen Friedhofmauer gebracht, in dem vorliegenden Blatt stellt sich nun der Friedhof nach Osten gerichtet dar und bietet ein malerisches Bild dieser stillen Stätte.

Dom von der Brückenmühle aus

Das Blatt zeigt einen Teil des Mainufers oben von der Fahrgasse bis zur Schmidtstube. Während die Abbildung zur Schlachthausgasse auf Seite 152 (links) den Turm vor Augen führt, wie er noch in der freistädtischen Zeit vor dem Brande vom 15. August 1867 war, gibt das vorliegende Blatt ihn in seiner Neugestaltung durch den Dombaumeister Dänzinger wieder.

Der Müllermain mit Dreikönigskirche

Der uns hier im Bild vorgeführte Teil des Maines führt im Volksmund den Namen Müllermain und wohl daher, weil sowohl die eine Brückenmühle als auch die Mühle bei der Dreikönigskirche hier ihr Getriebe hatten. Es ist ein reizendes Bild aus der Vergangenheit, das uns vor Augen tritt, allerdings auch schon ein wenig in die Neuzeit hineinmahnend; denn schon hebt sich die neue Dreikönigskirche aus den alten Sachsenhäuser Gebäulichkeiten empor, aber immerhin ist noch ein gutes Stück der vergangenen Bauten erhalten. In alten Zeiten gingen hier von dem Ulrichstein bis zur alten Brücke vier Pforten nach dem Main zu: das Fruchtpförtchen am unteren Teil der Löhergasse bei der Dreikönigskirche, wo die Fruchtschiffe anlegten; das Mühlpförtchen an der westlichen Seite der Mühle; das mittelste Mainpförtchen zwischen den Häusern 20–22/24 der Löhergasse und das obere Mainpförtchen, auch Bleichpförtchen genannt, gegenüber dem Schweickert's Hof. Auf dem Bild sind aber alle diese Ausgänge nach dem Main nicht zu erkennen. Allein die Häusergruppierung ist noch wie von alters her und das heimelt nicht nur den Einheimischen, sondern auch jeden Freund altertümlichen Wesens an. Der buschige Teil der Insel, von dem wir ein Stück sehen, rahmt das Bild in schöner Weise nach dieser Seite hin ein.

Der eiserne Steg mit Müllermain

Ein Blick auf den Main mit Sachsenhausen, von der Leonhardskirche aus aufgenommen, zeigt uns diesen Teil der Vaterstadt noch so ziemlich in alter Gestaltung, neben welcher der eiserne Steg die einzige Neuerung bildet. Der eiserne Steg wurde 1868/69 durch Ingenieur Johann Peter Wilhelm Schmick erbaut und am 29. September 1869 dem Verkehr übergeben, die Türmchen sind erst 1871 aufgerichtet. Die alte Brücke ist etwa bis an den Kreuzbogen sichtbar, die alte Dreikönigskirche schaut über die sie umgebenden Häuser hinweg; die Öffnung des Mühlenbaues und der Schuppen der alten Mainschanze vervollständigen das schöne Bild.

St. Leonhardskirche, hängendes Gewölbe und inneres Portal

Auf Bitte der Stadtgemeinde schenkte Kaiser Friedrich II. am 5. August 1219 anlässlich seines Aufenthaltes in Frankfurt a. M. eine Hofstätte am Südausgang des verkehrsreichen Kornmarktes, auf welcher alsdann eine der heiligen Jungfrau Maria und dem heiligen Georg geweihte Kapelle erbaut wurde. Im Jahre 1297 wurde diese aufs Neue ausgebaut; als sie 1323 die Reliquien des heiligen Leonhard erhielt, wurde ihr der Name „St. Leonhardskirche" gegeben. Die Kirche erlitt dann bei der großen Überschwemmung vom 20.–22. Juli 1342 sowie durch den Städtekrieg der 1380er-Jahre wesentliche Schädigungen. Als dann bei der großen Überschwemmung von 1784 das Wasser fünf Schuh hoch in der Kirche stand, ward die Erhöhung des Fußbodens um drei Schuhe nötig und der Haupteingang von der Westseite geöffnet. Die Kirche diente im Kriegsjahre 1792 als Vorratsmagazin, konnte erst 1809 ihrer ursprünglichen Bestimmung wiedergegeben werden und unterlag alsdann und bis zuletzt im Jahre 1881 manchen baulichen Veränderungen.

Das hier wiedergegebene hängende Gewölbe der oben beschriebenen St. Leonhardskirche überdeckt das Salvatorchörlein, dessen Errichtung einer Stiftung der Familie von Holzhausen 1508 zu verdanken ist. Das Gewölbe befindet sich an der Nordseite des Chores und hat seinen Eingang gegen das nördliche Seitenschiff. Es zeigt ein doppeltes System von Rippen, dessen oberes mit den Kappen ein festes Gewölbe bildet, während das untere frei schwebt und als Schlussstein das Holzhausen'sche Wappen trägt; es hält in der Mitte eine Säule mit der an einen Stamm gebundenen Christusstatue. Der Knotenpunkt einer Rippe zeigt die sitzende Figur Gottes. Von dem hängenden Gewölbe heißt es in den Battonn'schen Überlieferungen, dass *„ihm viel Steinmetz und Maurer nachziehen"*. Das Salvatorchörlein erhielt 1892 von dem damaligen Stadtpfarrer Münzenberger als Geschenk den hier teilweise sichtbaren spätgotischen Kreuzigungsaltar; auf dessen Mitte steht eine in Holzschnitzerei gefertigte Statue Christi mit dem Kreuze, während die beiden Flügel an den Außenseiten die Verkündigung darstellen und innen die Gestalten der zwölf Apostel zeigen. Auf Seite 209 erblicken wir das innerhalb der Leonhardskirche gelegene romanische Portal, und zwar das an der das nördliche Seitenschiff von der Kirche scheidenden Wand. Auf breitem Säulenwerk, dessen Basen durch Höherlegen des Fußbodens verdeckt worden

sind, wölben sich von den Kapitelen ausgehende, teils mit Blattwerk gezierte Wulste. In dem Felde über dem Türsturze ist in der Mitte der Reliefgruppe der sitzende Christus mit aufgeschlagenem Buch, auf dem die Worte „pax vobis" zu lesen sind, zu erkennen; links von ihm ist stehend die Maria und daneben halb kniend St. Johannes, rechts St. Petrus mit dem Schlüssel und neben diesem St. Georg im Panzerhemd, Waffenrock und Schild, halb kniend, wahrzunehmen. Die Bezeichnung dieser fünf Figuren ist im Halbkreis über diesen dargestellt, während zu Füßen Christi der Name des Bildhauers „Engelbertus f" *(fecit)* zu lesen ist, eine in jener Zeit wohl selten gebräuchliche Namensangabe. Ein schön durchgeführtes Rankenmotiv bildet den Schlusswulst dieses Portales.

Das Südportal am Dom

Das Südportal am Dom stammt aus dem Jahre 1352 und ist, wie das Nordportal, ebenfalls von einem Gurtgesims umrahmt, dessen linke Seite fehlt. Auch hier erscheint der Spitzbogen mit breiterer Laibung. Dieses war besser erhalten als das nördliche Portal und bedurfte daher nur geringer Ausbesserungen. In der Mitte der Füllung steht Maria mit dem Kinde Jesu unter einem Baldachin, links stehen nebeneinander die Figuren der Heiligen Drei Könige (Melchior, Kaspar und Balthasar), rechts Joseph mit dem Stabe, Petrus mit dem Schlüssel sowie der Prophet Jesaias. Über dem Baldachin der Maria ist Christus am Kreuze zu erblicken, außerhalb des Bogens ist links der heilige Bartholomäus und rechts Karl der Große dargestellt, in den Winkeln zwischen dem Bogen und dem Gurtgesims sind in je einem Kreisbogen die Figuren Abrahams und Melchisedeks, beide als Vordeutung auf den Heiland, mit Spruchbändern angebracht. Über dem linken Türflügel befindet sich das Relief, welches einen liegenden Ritter mit einem Löwen darstellt, über dessen Bedeutung jedoch leider nichts in Erfahrung zu bringen ist.

Das Nordportal am Dom

Das Portal besteht aus einer durch einen Pfeiler getrennten zweiteiligen Tür und einem darüber befindlichen Gurtgesims in länglichem Viereck. Die Konsole auf dem Türpfeiler zeigt das Steinbild der Muttergottes mit dem Kinde Jesu unter einem Baldachin, worauf auch der Name „Marientüre" zurückzuführen ist. Über der Tür, von einem geraden Sturz getragen, zeigt sich in dem gekrönten Spitzbogen eine schön angelegte Fensterrosette. Von einer gekehlten, an der Spitze birnförmig auslaufenden Rundstäbe-Gewandung umgeben, sind rechts und links je sechs stufenartig aufsteigende Konsolen mit darüber befindlichen Baldachinen angebracht, über denen das ganze Feld über dem Spitzbogen mit einer Zinnenbekrönung abgeschlossen ist. Die linke unterste Konsole trägt einen Kentaur, welcher einen Stein in der erhobenen Rechten hält, die rechts unten zeigt zwei menschliche Gestalten, von denen einer ein Gefäß in die Höhe hält, während der anderen der Teufel mit der Hand in den Mund greift.

Das hier vorliegende Bild des Portales ist die Wiedergabe einer fotographischen Aufnahme vor dem großen Brande des Doms am 15. August 1867. Es ist auch an den Marktleuten ersichtlich, dass sich der Gemüsemarkt damals noch bis zum Portal hin erstreckte. Der figürliche Schmuck des Portals wurde nach dem Brand durch hiesige Bildhauer wie A. von Nordheim, H. Petri und F. R. Schierholz wiederhergestellt.

Große Eschenheimer Straße 43 (Giebel)

Das hier abgebildete Haus, gegenüber vom Bürgerverein gelegen, war gegen Ende des 17. Jahrhunderts von Philipp Wilhelm Fleischbein von Kleeberg erbaut worden und auch in dem Besitz dieser Familie geblieben, bis es 1837 von den Töchtern des Rittmeisters von Lilienstern-Barckhausen als Erben für die Summe von 38 000 Gulden und 1860 von diesen für 65 500 Gulden an den Buchdrucker Carl Adelmann und 1880 an den Bäckermeister Amberger käuflich überging. Wie Dr. Dietz nachweist, übernahm es dann einschließlich der Entschädigung für Geschäftsverlust kraft Enteignung für 651 500 Mark die Stadt. Das in dem Giebelfeld des Hauses angebrachte Fleischbein'sche Wappen, „Lamm und Löwe in diagonal gelegenen Feldern", ging bei seiner Abnahme in Stücke. Ahnen der Familie Fleischbein waren seit 1588 Mitglieder der adligen Gesellschaft des Hauses Frauenstein; spätere Mitglieder dieses Stammes nahmen in den Jahren 1612–1806 die geachteten Stellen als Senatoren, Schöffen und Bürgermeister ein. Der letzte des hiesigen Stammes, Johann Maximilian Fleischbein von Kleeberg, verschied 1828 ehe- und kinderlos. Johann Ludwig Fleischbein von Kleeberg rief 1634 die sogenannte Fleischbein'sche Stiftung für Studierende ins Leben.
In diesem Haus wurde 1862 und später „die Frankfurter Laterne" (von Stolze) und der „Aktionär" (von Dr. Scherer) gedruckt. Die Aufnahme, nach der dieses Bild wiedergegeben ist, war bereits 1858 von dem Fotografen C. F. Mylius hergestellt worden.

Der Ulrichstein

Der Ulrichstein erscheint als ein Trutzturm, den man der Stadt Frankfurt nahe gesetzt hat, um sie im Auge und in der Hand zu behalten. Er mag um das Jahr 1330 von einem Ulrich von Minzenberg erbaut und von dem Grafen Ulrich III. von Hanau vergrößert worden sein. Letzterer war bis 1366 Pfandinhaber des Frankfurter Schultheißenamtes und hatte manche Zwistigkeiten mit der Stadt. Der Ulrichstein war jedenfalls früher ein größeres Gehöfte, welches außer dem Turm noch andere Bauten umschloss, die aus Wohngebäude, Ringmauern, Stallung und Scheune bestanden, auch dienten Wassergräben zum Schutze gegen Angriffe. Der Turm war, wie die jetzt (um 1900) noch stehenden Überreste zeigen, aus auf dem Mühlberg gebrochenem Sandstein errichtet, er hatte eine rundliche Form, dessen oberstes Geschoss sich über einem Bogenfries weiterbaute und auf dem ein mit Erkertürmchen besetzter Helm aufsaß. Die Mauern des Turmes sind 2,30 Meter dick und der Eingang war hoch über dem Boden nur durch eine Leiter erreichbar. Er wurde 1470 in die Befestigungen von Sachsenhausen einbezogen. Im Jahre 1632, als sich die Schweden unter dem Oberst von Vitztum in Sachsenhausen verschanzt hatten und sich weigerten, die Stadt zu räumen, wurde der Turm von der Frankfurter Seite aus durch die Kaiserlichen unter Führung des Frankfurter Zeughauptmannes Hans zum Jungen bis auf die noch sichtbare Ruine zerstört. Bei der Schleifung der Festungswerke blieb die beim Turm gelegene sogenannte Mainschanze stehen und wurde verschiedenen Zwecken dienstbar gemacht, eine Zeit lang diente die darauf erbaute Fruchthalle sogar als Wirtslokal. Das inzwischen an der Straße erbaute Schaumaintor wurde 1864 entfernt. Ende der 1880er-Jahre wurden die Häuser der Färberstraße niedergelegt und im Jahre 1897 begann man damit, den Turm vor weiterem Verfall zu bewahren, bis endlich seine gänzliche Freilegung bewerkstelligt wurde.
Auf Veranlassung des Bundestages rückten am 15. April 1833 zu dessen Schutz österreichische und preußische Truppen hier ein, auf der Abbildung des Schaumaintores sehen wir noch den seltsamen Anblick österreichischer Jäger mit Federhüten als Torwache.

Hinter dem Lämmchen, Eingang vom alten Markt

Diese alte und enge Gasse hat bereits an verschiedenen Stellen des vorliegenden Werkes bildlich und textlich Aufnahme gefunden. Das vorliegende Blatt zeigt den etwas gewundenen Eingang vom Markt aus, rechts im Vordergrund einen Abschnitt des Hauses „Zu den drei Römern", früher auch Schuhhaus genannt, links die Kürschnerlaube, das Zunfthaus der Kürschner (ihren Namen „Laube" der auf Säulen gestützten, den Zugang zum Haus bildenden Vorhalle verdankend). Das zwischen diesen Gebäuden sichtbare Haus „Zum Lämmchen" mit der an der Ecke befindlichen Statue Mariae ist auf Seite 25 (links) dieses Werkes schon abgebildet und besprochen.

Höfchen im Saalhof, Saalgasse 31

Auf Seite 63 dieses Werks ist die Kapelle im Saalhof von der Mainseite aus nebst einer textlichen Erläuterung dazu enthalten und so genügt es hier, nur auf die Hauptpunkte der Geschichte des Saalhofes zurückzukommen. Der im Jahre 822 von Ludwig dem Frommen an der Stelle des heutigen (um 1900) Saalhofs errichtete Königspalast ist gänzlich verschwunden. Der Hauptbau dieser Kapelle dürfte aus dem Ende des 12. Jahrhunderts stammen. Ums Jahr 1317 war die „Saala" Reichslehen Eberhards von Breuberg, Landvogt der Wetterau, und ging 1330 mit Zustimmung Kaiser Ludwigs von Bayern an den Frankfurter Bürger Jakob Knoblauch über, dessen Familie einige ihrer Verwandten in den Mitbesitz aufnahm, wodurch eine Ganerbschaft entstand. Danach wurde der Saalhof ein Kaufhaus, woselbst namentlich die niederrheinischen und niederländischen Handelsherren während der Messzeiten ihre Warenbestände unterbrachten. Der große Bau nach der Saalgasse mit seinen drei Giebeln wurde 1536 errichtet; 1696 erwarben die Bürger und Handelsleute Heinrich und Johann Bernus den Saalhof und führten das westliche, nächst dem Rententurm gelegene Gebäude auf, während das östlich daran stoßende Haus erst 1842 angebaut wurde. Im Saalhof hielten sich mit Vorliebe die karolingischen Herrscher, nachmals Konrad der I., Otto I., II. und III., Heinrich II. und auch die Hohenstaufen auf. Das Saalhofgebäude umschließt zwei Höfe, einen größeren und einen kleineren, welche wohl erst durch einen 1501 errichteten Mittelbau voneinander getrennt wurden. An der Langseite des größeren Hofes (unteres Bild) befindet sich der alte Ziehbrunnen mit dem verzierten Hakenstein und der Eisenrolle daran, nebst der daneben gelegenen Zisterne für Regenwasser. Neben diesem Brunnen führt ein überdachtes Gewölbe in den kleineren Hof (oberes Bild), zwischen dessen Hauseingängen ein gut erhaltenes Wappenschild mit einem Bären sichtbar ist.

Häuser in der ehemaligen Römergasse 5

Den Häuserblock von der Buch- und Römergasse, dem Römerberg und der alten Mainzer Gasse durchziehen von Norden nach Süden etliche schmale Gassen. Das hier abgebildete Haus ist die Ecke der Karpfen- und Römergasse Nr. 5 und lag dem ehemaligen Glesernen Hof gegenüber, dessen Eingangstor mit den Säulen in der Gasse links noch zu sehen ist. Das Haus Nr. 5 führte früher den Namen „Zum Mohren" und war ein hohes geräumiges Gebäude, welches zu Messzeiten der vergangenen Jahrhunderte sehr gesucht war und reichliche Einnahmen brachte. Über den Glesernen Hof ist auf den Seiten 104 (rechts) und 105 (rechts) nachzulesen.

Braubachstraße, Durchbruch nach Westen

Nach der Niederlegung des westlichen Teiles der Altstadt und der Festlegung des Fluchtlinienplanes der direkten Verbindungsstraße vom Hauptbahnhof durch die Kronprinzenstraße und der Altstadt nach dem Ostbahnhof fielen die Häuser der Borngasse, Krug-, Neu- und Mörsergasse in rascher Folge, um die Durchführung der Braubachstraße ihrer Verwirklichung entgegenzuführen. Der fotografischen Kamera war es vergönnt, zur dauernden Erinnerung das Bild der niedergelegten Häuser, Höfe und Gässchen festzuhalten und so haben wir hier eine Momentaufnahme der Baureste nach Westen von der Borngasse aus sowie der noch stehenden Häuser der Mörsergasse und des interessanten Gebäudes des Rebstockes. Im weiteren Hintergrund ragen die Spitzen des Prunkbaues und der Turm des neuen Rathauses sowie rechts der Paulsturm und die Paulskirche hervor.

Ecke großer Kornmarkt und Bethmannstraße

Auch die hier abgebildete Ecke des großen Kornmarkts und der Bethmannstraße bis zur Barfüßergasse musste dem nötig gewordenen An- und Erweiterungsbau des Rathauses Platz machen. Die drei auf dem Kornmarkt nach der Barfüßergasse stehenden Häuser trugen die Namen „Alter Zahn", „Bart" (auch Schmiedskeil) sowie „Weißer Engel" und das hohe Eckhaus die Bezeichnung „Kleiner Goldstein" im Gegensatz zu „Großer Goldstein", an dessen Stelle jetzt der hohe Rathausturm emporragt. Die in der Bethmannstraße sichtbaren Gebäude waren die Häuser „Henneberg", „Kleiner Henneberg" und „Speer- oder Eppenstein"; letzteres war auch unter der Bezeichnung „Fladhaus" bekannt und enthält eine Backstube. Die Straße vom Kornmarkt bis zum Paulsplatz, eigentlich eine Fortsetzung der Wedelgasse, wurde früher Kaltelochgasse und dann Paulsgasse genannt, bevor sie ihren jetzigen (um 1900) Namen erhielt.

Braubachstraße Durchbruch, Rückseite des Hauses Schnurgasse 13

Ein großer Teil der bei dem Durchbruch niedergelegten Häuser der Schnurgasse gehörten früher zum ehemaligen Johanniterhof, so auch das Haus des vorliegenden Bildes. Hier stößt jetzt die neu angelegte Braubachstraße auf die schon länger hergestellte Battonnstraße.

Bereits 1696 wurde der oben genannte Johanniterkirchhof zur Bebauung freigegeben und bald bildeten die Häuser „der Schwarze Mohr“, „der Goldene Ring“, „Zum Alten Kaiser“, „Geyersberg“, „Zum Esel“ eine ganze Straßenseite, deren Eck das allein noch stehende Haus „Schadeck“ bildet. Auf dem vorliegenden Blatt (die Rückseite des Hauses Schnurgasse Nr. 13) erblicken wir einen hochgelegenen Dachaltan, eine von unseren Vorgängern gern gewählte Bauart.

Hofgut von Günderrode

Ein Stück der einstigen Umgebung der Stadt zeigt uns das vorliegende Bild, der Hof von Günderrode, welcher an der heutigen Bockenheimer Landstraße, Ecke des Ginnheimer Wegs (Miquelstraße) gelegen war. Der Landstrich zwischen dieser Straße und der Eschersheimer Landstraße wurde seinerzeit Lindau genannt. Ähnliche Höfe lagen in der näheren und weiteren Umgebung der Stadt; auf dem geometrischen Plan von 1790 sind folgende angegeben: Gutleuthof, Rebstock, Hellerhof, großer und kleiner Kettenhof, Stalburgischer Hof, Kühhornshof, Meermonischer Hof, Adlerflychthof, Güntersburg, großer und kleiner Röder(Rieder)hof, und ferner auf der Sachsenhäuser Seite: Apothekerhof, Riedhof, Sandhof, Goldstein, Strahlenberger Hof, Schafhof, Ziegelhütte, Seehof, Deutschherrnmühle, Wiesenhof und Flaschenhof.

Der Günderroder Hof ist auf jenem Plane noch nicht aufgeführt, dafür aber von Carl Ludwig Frank in dessen typographischem Überblick der Stadt Frankfurt a. M., als neben dem Malepart'schen Hof gelegen, bezeichnet. Diese beiden Liegenschaften sind noch im Adressbuch von 1870, als dem Königlich Bayerischen Kammerherrn Freiherr Justinus Maximilian von Günderrode gehörend, unter Nr. 80 und 72 der Bockenheimer Landstraße eingetragen.
Die adlige Familie von Günderrode wurde im Jahre 1587 durch die Verheiratung Rudolfs von Günderrode aus Schotten mit Margarethe von Holzhausen in die Gesellschaft Alt Limburg aufgenommen, seit welcher Zeit viele Mitglieder dieses Geschlechtes dem Rat der Stadt angehörten. Die Gebäulichkeiten wurden 1893 niedergelegt und an deren Stelle ein Neubau errichtet.

Hinter der Judenmauer 16–18

Die heute (um 1900) verschwundene Straße „Hinter der Judenmauer“ (sie hat ihren Namen daher, dass sie hinter der hohen Mauer lag, welche die Judengasse nach Osten abschloss) zog sich in starken Wendungen von dem Börneplatz nach der Allerheiligenstraße und bildete einen nur sehr schmalen Verbindungsweg zwischen beiden Punkten. Die Anzahl der dazugehörigen Häuser war eine kleine, doch befand sich darin der Juden Bleichgarten und das Spital für arme Juden. Nach dem großen Brand von 1711, bis zu dieser Zeit es in der Gasse selbst stand, wurde es 1713 in der Juden Bleichgarten versetzt; zu diesem gehörten noch zwei Häuser. Mit der Südseite stieß die Straße auf die ehemalige (seit 1828 geschlossene) Begräbnisstätte der Israeliten. Wir haben bereits auf Seite 204 dieses Werkes kurze Notizen über diese Begräbnisstätte gebracht, von der uns auch in gegenwärtigem Blatt ein kleiner Teil vor Augen tritt. Die hier im Bild erscheinende Häusergruppe Nr. 16–18 der letzten Nummerierung befand sich noch im Jahre 1850 im Besitz der Gaross'schen Erben, ging aber nachmals an die Stadtkämmerei über und war von dieser an eine große Anzahl kleinerer Leute vermietet, die darin allerlei Gewerbe trieben. In den Jahren 1891–1892 wurde die Niederlegung beschlossen, um Raum für die neuen Straßenzüge zu gewinnen, die zur Förderung des Verkehrs von Westen nach Osten notwendig wurden. Die Lage der verschwundenen Häuser wird augenscheinlicher, wenn wir bemerken, dass links die Häuser der Allerheiligenstraße sichtbar sind.

Das Hessendenkmal

Nachdem sich Frankfurt am 22. Oktober 1792 an Custines Untergeneral Neuwinger ergeben hatte, rückten am 2. Dezember desselben Jahres die Hessen und Preußen unter der Führung des Prinzen Carl von Hessen-Philippstal vor das Friedberger Tor und erstürmten es mit Verlust ihres Führers, von 55 Offizieren und Gemeinen. Hierauf ließ der damalige König von Preußen, Friedrich Wilhelm II., 1793 den Gefallenen ein Denkmal setzen, das uns dieses Blatt im Bild vorführt.
Das Denkmal besteht aus auf künstlich gruppierten Basaltsteinen aufgerichteten, massiven Steinwürfeln, gekrönt mit Helm, Keule, Schwert, Schild, Widderkopf und Löwenhaut. Seitlich sind auf Erztafeln die bezüglichen Inschriften und Namen der Gefallenen angegeben. Im Jahre 1844 wurde es auf Veranlassung König Friedrich Wilhelms renoviert. Zu damaliger Zeit war das Denkmal noch von Pappeln umstanden. Hinter diesem ist das an einem großen Park gelegene Landhaus der Familie von Bethmann sichtbar, in welchem am 31. Oktober 1813 nach der Schlacht bei Leipzig Napoleon I. bei dem Staatsrat Simon von Bethmann zu einem Gastmahl geladen war und diesem versprach, das Heer nicht durch die Stadt, sondern um sie ziehen zu lassen; auch gab Napoleon auf Bitte des Freiherrn von Bethmann Befehl, die Beschießung der Stadt einzustellen. Angebaut an das Landhaus (im Bild links) ist das Bethmann'sche Museum, in welchem unter anderen Kunstwerken das plastische Meisterwerk „Die Ariadne von Dannecker" aufgestellt ist. Im Vorgarten des Museums steht die Säule, welche die Büste des Marschall Vorwärts, Fürsten Blücher, trägt. An diese Stätte wurde auch der auf der Bornheimer Heide tödlich verwundete Fürst Felix Lichnowsky am 18. September 1848 gebracht.

Die Irrenanstalt

Auf Seite 124 (unten) dieses Werkes ist im Text bereits auf die Anstalt für Irre und Epileptische, oder, wie diese kurzweg genannt wurde, „Das Tollhaus", und ihre Versetzung nach der Affensteiner Höhe, hingewiesen. Das von dem Architekten Oscar Pichler nach den Anordnungen des Geheimrats Dr. Heinrich Hoffmann, dem Chefarzt der Anstalt (Verfasser des ursprünglichen „Struwelpeter") im Jahre 1859–64 erbaute neue Irrenhaus zeigt obiges Bild in seiner heutigen (um 1900) Gestalt. Es wurde am 23. Mai 1864 bezogen. 200 Kranke können hierin aufgenommen werden. Östlich von dem in der Mitte gelegenen Verwaltungsgebäude befindet sich die Männer- und westlich die Frauenabteilung in getrennten Flügeln. Infolge der raschen Vermehrung der Bevölkerung Frankfurts reichte die Anstalt bald nicht mehr aus und es mussten weitere Unterkunftsräume geschaffen werden.

Ecke große Friedberger- und Schäfergasse

Die Schäfergasse hat zu allen Zeiten einen viel benutzten Verbindungsweg zwischen der Zeil und der Vilbeler Gasse gebildet. Wie Battonn als zweifellos annimmt, rührt ihr Name aus der Zeit der Viehmärkte auf der Zeil. Bezeichnungen wie Schäferhof, Schöpphof, Schäfergasse, Lämmergarten und Lämmerbrunnen dürften mit Recht darauf hinweisen, dass die Schafe in dieser Gasse eingestellt wurden oder die Händler dort Wohnung nahmen. Auch die Schäfergasse war wie die benachbarte große Friedberger Gasse reich an geräumigen Wirtshäusern mit großen Höfen, die teilweise von der einen zur anderen Gasse reichten, wie z. B. die „Stadt Cassel", der „Tiergarten", der „Kutscherhof". Weitere Gasthöfe waren die „Reichskrone", die „Zwei Schweizer" in der Friedberger Gasse und die „Stadt Ulm" in der Schäfergasse. Durch den Abbruch der Peterskirche und den Durchbruch des Petersfriedhofs erfuhr auch die Schäfergasse eine bedeutende Umgestaltung, deren neueste die Niederlegung der hier abgebildeten Ecke betraf, an welche Stelle jetzt (um 1900) umfangreichere Neubauten getreten sind.

Das Friedberger Tor

Durch den Dreißigjährigen Krieg wurde auch Frankfurt genötigt, seine Verteidigungswerke zu verstärken und die Bürger, arm und reich, zu den Schanzarbeiten und wöchentlichen Geldbeiträgen heranzuziehen. Diese Befestigungsarbeiten wurden am 12. Mai 1628 begonnen, diejenigen am Friedberger Tor gehörten mit zu den frühesten. Bereits im Jahre 1350 hatte eine Friedberger Pforte bestanden, welche etwas entfernt von dem heutigen Friedberger Tor lag. Diese findet sich als Friedberger Pforte auf der Alten Gasse angeführt. Schon 1610 als baufällig befunden, wurde die Pforte 1628 mit der Niederlegung der alten Wälle an der heutigen Stelle errichtet. Das neue Friedberger Tor bildet zwei niedrige Häuser, Wacht- und Zollhaus, aus Quadersteinen, mit den vergoldeten Inschriften „Friedberger Tor, Erbaut MDCCCVIII" (1808) nebst einem breiten Gittertor. Eines dieser Häuser ist auf vorliegendem Blatt ersichtlich. Die an allen städtischen Toren seit dem 24. August 1724 eingeführte Torsperre war bereits am 1. Januar 1836 aufgehoben worden, jedoch wurde erst 1864 das eiserne Tor entfernt und 1867 das Zoll- und Wachthaus vermietet.

Theaterplatz, Eingang in die Kalbächer Gasse

Der Platz war in alten Zeiten ein mit Bäumen besetzter Zimmerplatz und von einer Planke umgeben. Seine Abholzung fand vor der Erbauung des Schauspielhauses 1782 statt. Zum Schutze der Fußgänger vor den Wagen wurden Steine mit Ketten in den Boden eingelassen.

Das auf dem vorliegenden Bild zum Teil sichtbare Schauspielhaus ist bereits auf Seite 72 dieses Werkes wiedergegeben. Auch die hier zu sehende Häuserreihe ist gefallen, um modernen und größeren Gebäulichkeiten, Restaurants und Hotels Platz zu machen. Das Eckhaus „Zu den drei Hasen", auch im Neubau denselben Namen tragend, war lange Jahre schon eine namentlich von Mitgliedern des Theaters und des Theaterchores besuchte Wirtschaft, in welcher fast alle Abende der alte Weidner neben anderen Bühnengrößen zu Gast war. In prunkvollem Stil sind daneben Westminster Hotel und Falstaff in einem großen Neubau errichtet worden. Auch die benachbarte Kalbächer Gasse hat durch die Niederlegung des alten Hauses „Zu den drei Hasen" eine günstige Verbreiterung erfahren.

Portal an der Liebfrauenkirche

Die Liebfrauenkirche wurde zu Beginn des 14. Jahrhunderts zu Ehren der Jungfrau Maria von dem Schöffen Wigel zu Wanebach anstelle des früheren Hofes „des Volgovin von Wetzlar" auf dem „Rossebügel" (ehemaliger Name des Liebfrauenberges) gestiftet und 1344 vergrößert, gegen Ende des 15. Jahrhunderts wurde der ihr noch fehlende Turm unter Dach gebracht und am 15. August 1509 ein neuer Chor und eine neue Sakristei eingeweiht. 1770 wurde dann der erste Turm wieder niedergelegt und durch einen neuen ersetzt. Auch die Kirche hat nachdem viele bauliche Veränderungen erfahren.
Unter dem Mittelfenster des südlichen Schiffes der Kirche befindet sich hinter einem Gittertore ein reizendes gotisches Portal, dessen Spitzbogen von einem frei stehenden, durchbrochenen Maßwerk umrahmt ist und dessen Zwickel rechts und links in Medaillons die Reliefs der Propheten Jesaias und Jeremias mit Spruchbändern zeigen. Das von dem Spitzbogen eingeschlossene, über der Türstütze liegende tiefere Feld ist ein Skulpturwerk schönster Anordnung. Links sieht man den Stall dargestellt, worin Maria mit Jesus im Schoß sitzt, während Joseph an einem Pfosten angelehnt ist. In Anbetung und Verehrung erscheinen die drei Könige des Morgenlandes, drei Engel schweben über dem Dach des Stalles. Oben, die Spitze des Bildes einnehmend, trohnt ein Engel mit Spruchband, die Verkündigung darstellend. Ein Hirte mit Hund und Lämmchen beleben das Feld.

Sachsenhausen mit Müllermain im Jahre 1890

Bereits auf Seite 206 befindet sich eine ausführliche Beschreibung des sogenannten Müllermaines und der alten Brücke, die auf dem vorliegenden Blatt abgebildet ist. Die Brücke selbst wurde im Jahre 1342 erbaut und 1419 vollendet.

Rententurm und Saalhof

Zu Beginn des 15. Jahrhunderts wurde zur Abwehr der Gewalttätigkeiten der Wetterauer Raubritter zu größeren Verstärkungen der Schutzwehren unserer Stadt geschritten, so vor allem die der Zwinger und der Friedberger Pforte, später auch die der Mainfronte. 1454–56 wurde unter Leitung des Städtischen Werkmeisters Eberhard (von Friedeberg) der Wehrturm am Fahrtor erbaut, 1860 der Turm fertiggestellt und mit Helm versehen. Er hat vier Geschosse und zeigt nach der Mainseite beim zweiten Obergeschoss ein Relief des doppelköpfigen Reichsadlers in gotischer Umrahmung nebst der Jahreszahl 1455. Im Jahre 1489 wurde das Rentamt hierhin verlegt und alle aus der Stadt und in diese hineingehenden Waren hier verzollt, woher der Name Rententurm rührt. Später diente dieser abwechselnd Archivzwecken und als Gefängnis. An diesem Turm sind die verschiedenen Hochwassergrenzen gekennzeichnet. Durch die spätere Ufererhöhung kam das Halseisen, an welchem Verbrecher zur Schau gestellt wurden, beinahe dem Boden gleich und wurde dem Städtischen Museum zur Aufbewahrung übergeben.
Das Mauerwerk ist mit Ausnahme der Ecken und Fenstergewände, die aus Basalt sind, aus Bruchsteinen aufgebaut.
Das mit Schiefer gedeckte Dach ist von vier Erkern flankiert. Seitlich nach dem Römerberg befindet sich das Zoll- und Wachthaus, welches anstelle eines früheren, baufälligen errichtet wurde. Das früher hier befindliche Fahrtor wurde 1840 niedergelegt, der schöne Erker mit dem Reichsadler jedoch an dem daneben liegenden Zollhaus wieder angebracht. Die rechts vom Rententurm sichtbaren Gebäude sind das der Gebrüder Bernus westlich und der im Jahre 1842 errichtete Saalhof östlich.
Von den Höfen in dem Saalhof zeigen die Abbildungen auf Seite 215 des vorliegenden Werkes Ansichten.

Fritschengässchen in Sachsenhausen

Über das Fritschengässchen in Sachsenhausen, welches den Charakter der alten Gelasse der Sachsenhäuser Gärtnerschaft zeigt, ist bereits auf Seite 29 des Näheren berichtet. Vorliegende Abbildung zeigt uns diese Verbindungsgasse zwischen Wallstraße und Elisabethenstraße von Süden nach Norden, rechts die verkürzte Fassade des mit hohem Giebeldach versehenen Hauses, dessen Höfchen auf Seite 29 abgebildet ist.

Lorsbachertälchen, Kleine Rittergasse 29

In letzter Zeit hat der Umbau altväterlicher Wohnstätten und Höfe in Sachsenhausen rascher Platz gegriffen, auch mehrfach solcher von lang bewohnten Wirtschaftsräumen. Hierunter gehört in erster Linie das Lorsbachertälchen, von welchem das Stumpfgässchen der Kleinen Rittergasse seinen Namen hat. Der Zugang zu dem Wirtshaus „Lorsbachertälchen" erfolgte bisher durch ein Tor, welches zuerst zu einem Hof führte, der hinten in einem Gärtchen endigte. Der Hof war allerdings auch durch einen engen Hausgang zugänglich. Im Sommer bildete der kleine niedere Bau mit seinem mit Reben bewachsenen Vordach eine idyllische Äpfelweinwirtschaft. Durch einen Neubau ist das Bild jetzt (um 1900) sehr verändert. Anstelle des ehemaligen Gartens ist ein geräumiger Saal entstanden, der den heutigen Anforderungen mehr entspricht. Der alte niedere Seitenbau ist vorläufig noch geblieben und erinnert nebst dem alten Nussbaum an frühere Zeiten, wenn auch das schöne Rebendach an Altersschwäche siecht und die Vergänglichkeit andeutet. Von der Großen Rittergasse führt jetzt auch ein breiterer Toreingang zu Hof und Haus.

Haus zum Wedel

Die Wedelgasse ist als ein Teil des ursprünglichen Straßenzuges zu betrachten, der den Namen *Vicus Poenitentum* führte und von dem Römerberg bis zur Weißfrauenkirche ging. Unter dem Namen Wedelgasse selbst begriff man später die obere Gegend vom Römerberg bis zum Kornmarkt, heute (um 1900) umfasst sie nur die Strecke vom Römerberg bis zum Paulsplatz. Der Name stammt von dem Eckhaus „Zum Wedel", einer Bezeichnung, die an und für sich schon auf einem Irrtum beruht, da der ursprüngliche Name „Zum Widdel" oder „Widder" war *(ad arietem)*. Das Haus stand anfänglich allein und lag „vor der Kremerstube" und gehörte noch in der Mitte des 15. Jahrhunderts den Weissen von Limburg. Bei einem neuen Anstrich, den das Haus im Jahr 1781 erhielt, wurde an diesem in Verkennung seiner ursprünglichen Benennung das Bild zweier im Kreuze übereinander gelegten Fliegenwedel angebracht, wodurch sich der Name „Wedel" auch weiter erhielt. Das anstoßende Haus, an dem auf Seite 229 ein Teil noch sichtbar ist, führte den Namen „Goldene Leiter" und war ein Backhaus. Über das an der anderen Straßenecke gelegene „Salzhaus" haben Fay's Bilder aus dem alten Frankfurt auf Seite 116 nähere Angaben gemacht.

Ecke der Höllgasse

Nach dem großen Dombrande am 15. August 1867 und der Wiederaufrichtung der zerstörten Teil der Kirche und des Pfarrturms kam die Freilegung dieser ehrwürdigen Baulichkeiten dringend zur Erörterung. Bei dieser Freilegung kamen Häuser in der Höllgasse und am Markt in Betracht, welche von der Stadt erworben worden waren. Auf die Anfrage bei dem Magistrat (im Januar 1900) erfolgte die Antwort, dass der Mangel an kleinen Wohnungen die Ursache sei, warum die Freilegung sich hinzog. Indes wurde diese Freilegung alsbald in Angriff genommen und rasch ausgeführt. Heute (um 1900) steht der Dom frei von diesen beengenden Anbauten und erfreut sich einer sachgemäßen Einfriedigung aus Sandstein und eisernem Gitterwerk. Unser Bild lässt noch einen Teil der Häuser der Höllgasse erblicken und zwar im Mittelteil des Hauses an der Ecke der Höllgasse und des Krautmarkts, das ehemals den Namen „Lederhaus" führte (auch „Löwenburg" genannt). Es war vor Zeiten der Lohgerber Zunfthaus, das nach den bürgerlichen Unruhen, gemäß einem kaiserlichen Dekret von 1610, verkauft werden musste (Battonn III. 261). Bei dem Dombrand hatte es unter den betroffenen Häusern am meisten gelitten, abgesehen von dem daneben nach dem Pfarrturm zu gelegenen niederen Haus „Zum Fasskeller", das auf den Hof des ehemaligen Rathauses stieß, des letzteren wegen hatte es viele Erörterungen zwischen Magistrat und Bartholomäuskirche gegeben. Nach dem Brande verschwand es vollständig. Das an das Lederhaus anstoßende, in der Höllgasse gelegene, im Bild noch zu kleinem Teil sichtbare Haus hieß „zur Kleinen Hölle". An die alte Dommauer angelehnt sind noch die letzten kleinen Verkaufshäuschen zu sehen, die sich bis zum letzten Viertel des 19. Jahrhunderts erhalten hatten. Rechts ein Teil des Pfarrturmes nach Südwesten.

Die alte Vilbeler Gasse

Die Straße, welche sich vom Friedberger Tor bis zur großen Friedberger Straße (Alte Gasse) erstreckt und heute (um 1900) Vilbeler Straße genannt ist, führte diesen Namen früher nur zum Teil und reichte anfänglich nicht weiter als von der Stadtmauer bis zu dem den „Goldenen Pfau" gegenüberstehenden Brunnen, das übrige Stück bis zur Friedberger Straße machte ein Teil der Bornheimer Gasse aus. In der ersten Hälfte des 15. Jahrhunderts erscheint der Name Vilbeler Gasse gemeinsam für beide Teile bis zur Wende bei der Kapelle des hl. Peter, bei der sich ein Wipp- oder Schnell-Galgen befand, womit die Beschuldigten in die Höhe gehoben und in das Wasser geschnellt wurden. Der obere Teil der Vilbeler Gasse war früher weit schmäler als heute (um 1900), da sich eine Häuserreihe vordrängte und hinten an eine zweite Gasse stieß, an die Hammelsgasse. Diese Häuserreihe fiel der Neuzeit zum Opfer und wurde im Jahre 1889 niedergelegt, um Raum und Licht für die belebte Straße zu schaffen. Diese Abbildung gibt das Aussehen der Straße vor dem Abbruch wieder. Das doppelte Eck an der Straßengabel war das Haus des Schlossermeisters Johann Georg Schaak oder Schack, das sich allerdings schon als hoher Neubau anstelle eines niederen Hauses zeigt. Im Volksmund führt es den Namen „Butterbüchs" und vor demselben stand der schon von Battonn erwähnte Brunnen. Selbstverständlich hat die Straße durch diese Niederlegung ein ganz verändertes Aussehen gewonnen, das durch weitere neue Umbauten noch stark vermehrt worden ist. Das links noch zum Teil sichtbare Eckhaus „Zum Elefanten" hat einem mächtigen Neubau Platz gemacht, das alte Wirtshaus „Zum Goldenen Pfau" links, durch eine Kugellampe angedeutet, hat wenigstens seine äusere Fassade bewahrt und das „Essighaus", rechts in der Hammelsgasse sichtbar, ist zu einem stattlichen Neubau umgebau worden.

Löwenapotheke

Das westliche Ende der heutigen Allerheiligenstraße war jahrhundertelang ein freier unbebauter Platz, der wie die Südseite der heutigen Zeil als Glacis der inneren, wohlerhaltenen Stadtbefestigung diente. Hier, auf der „Heide vor der Bornheimer Pforte" wurden die Viehmärkte abgehalten; hier war eine Schwemme (Weed) und später ein großer Laufbrunnen mit Tränkvorrichtung. Vor der heutigen Apotheke aber war der Arbeitermarkt (Dalles) und anschließend ein „Tanzplan" zur Abhaltung von Volksfesten. Als aber die Stadt wieder einmal in Geldnöten war, erteilte sie dem Bierbrauer Hofmann 1697 Erlaubnis zur Bebauung des Tanzplanes, der hier eine große Brauerei mit anschließendem Wohnhaus, Stallungen etc. errichtete. Das „Neue Brauhaus" erbten nacheinander die verschwägerten Familien Dillenburger, Lau und Bayerbach, bis 1798 Konsistorialrat Beyerbach die Liegenschaft in vier Teile zerlegte, die eigentliche Brauerei zu Wohnhäusern umbaute, das stattliche alte Wohnhaus der Brauerei aber, das Bürgermeisterwohnung gewesen war und durch das Bombardement der Franzosen schweren Brandschaden erlitten hatte, verkaufte. Es kam an einen Herrn Goldschmidt und von diesem am 1. September 1826 an den Juristen Dr. Louis Jassoy, der in dem Haus für seinen Sohn Jean die Konzession zum Betrieb einer neu zu errichtenden Apotheke, der Löwenapotheke, erhielt.

Von Jean Jassoy ging die Löwenapotheke 1859 an dessen Sohn Wilhelm und von diesem 1892 an den heutigen (um 1900) Besitzer, den Enkel des Gründers, Dr. August Jassoy, über, der 1897 das zweihundert Jahre alte Haus abbrechen und ungefähr an gleicher Stelle, nur mit einer dritten Front nach dem inzwischen entstandenen Zeildurchbruch, einen Neubau im Frührenaissance-Stil errichten ließ.

Mit dem alten Haus ist eine historische Ecke verloren gegangen. Bei dem Aufstande im September 1848 nämlich war eine Barrikade quer vor der Allerheiligenstraße und der weithin in die Zeil sichtbaren Apotheke aufgetürmt worden. Da die primitive Stellung trotz der Ermahnungen einflussreicher Parlamentarier nicht geräumt wurde, begannen hessische Artillerie und preußische Infanterie den Kampf gegen die Aufständischen. Mit dem Rufe: „Erüm mit der Kanon', die Apothek' is uus" beschossen die biederen Hessen die gebrechliche Barrikade mit dem unerwünschten Erfolge, dass die dahinter stehende Löwenapotheke mit Kartätschkugeln gespickt und entsetzlich zugerichtet wurde. Ein volles Jahrzehnt war das arg zerschossene Haus, dessen Wiederherstellung vorzunehmen Stadt und Staat sich weigerten, eine Sehenswürdigkeit und noch im Mai 1871 erinnerte sich Bismarck beim Durchfahren der wegen des soeben geschlossenen Friedens festlich geschmückten Straßen des damaligen Vorgangs und wies seine Begleiter auf die historische Ecke hin.

Alte Gasse, Platz der ehemaligen alten Peterskirche

Das durch die Niederlegung der alten Peterskirche im Jahre 1896 entstandene Petersplätzchen, Ecke Altgasse und Schäfergasse hat sich nur eines kurzen Bestandes zu erfreuen gehabt. Herr Architekt Josef Mack hatte mit den städtischen Behörden eine Vereinbarung getroffen, nach der er mehrere Parzellen Grund und Boden käuflich erworben hatte, um auf diesen nach der Alten Gasse und Schäfergasse zu Neubauten zu errichten, während zwei andere Liegenschaften an die Stadt zur Erbauung einer sechszehnklassigen Mädchenschule (als Ersatz für die Liebfrauenschule) fielen, der als Spielplatz ein Teil des Peterskirchhofs zuzuweisen sei. Unsere Abbildung zeigt, wie sich der Platz nach Niederlegung der Kirche gestaltete. Von den älteren Häusern jener Gegend geben die beiden Häuser links am Ende der Reihe mit der Schieferbekleidung ein Muster ab. Hinter diesen ragt der Turm der neuen Peterskirche auf dem in eine Promenade verwandelten alten Friedhof empor. Im Übrigen war schon zur Zeit der fotografischen Aufnahme des Bildes das alte Aussehen der Alten Gasse ein stark verändertes, und seit den letztvergangenen Jahren ist, namentlich durch die Umbauten der Eckliegenschaften an den Kreuzungen der vier Straßen, der frühere Charakter dieses Stadtteils vollständig verdrängt worden.

Grab der Eltern Goethes auf dem Peterskirchhof

Der alte Peterskirchhof war vom Jahre 1452 bis zum Jahre 1828 als Beerdigungsstätte in Benutzung. Am 30. Juni 1828 wurde die Bürgerstochter Elisabeth Maurer als letzte Leiche bestattet, am 1. Juli wurde als Erste die Witwe Marie Katharine Alawijen aus Amsterdam auf dem Neuen Frankfurter Friedhof beerdigt. Hinter oder, von der Schäfergasse aus gesehen, seitlich von der Peterskirche betrat man durch eine vorgelegene Gartenanlage und eine Pforte, die bei Leichenfeiern geöffnet würde, den Friedhof. In dem Garten selbst war ein Gebäude errichtet, das anfänglich als Schule, später als Pfarrwohnung diente und im Jahre 1833 zu einer Kleinkinderschule eingerichtet wurde. Jedes Kind hatte täglich 1 Kreuzer mitzubringen und erhielt dafür einen Imbiss (freiwillige oder städtische Zuwendung). Unser Bild zeigt noch den hinter der Mauer sichtbaren, ganz mit Schiefern bekleideten alten Bau. Von der auf dem Bild ebenfalls sichtbaren Pforte (Holztor) der Mauer entlang gelangt man nach wenigen Schritten zu der Grabstätte der Familie Textor und der Eltern Goethes. Diese ist bereits auf Seite 161 wiedergegeben. An der Wand befindet sich ein Aufbau, der auf kannelierten Säulen eine heraustretende Steinbedachung trägt und vor diesem eine liegende Steinplatte zeigt, auf der die Namen der hier Bestatteten eingemeißelt sind. Hier ruhen Goethes Eltern. Wie sich die vorher angeführten Schulbauten auch gestalten mögen, jedenfalls wird das Grab von Goethes Eltern pietätvoll und unversehrt in seinem gegenwärtigen Zustand erhalten bleiben, wenn auch vielleicht ein niedriger Säulenbau darüber errichtet werden sollte.

Sitzungszimmer im alten Bürgerhospital

Seit 1907 hat das Bürgerhospital, diese Stiftung des hochherzigen Dr. Johann Christian Senckenberg, seine neue Heimstätte in der Nibelungenallee bezogen, und das verlassene alte Gebäude in der Stiftstraße ist anderen Zwecken zugeführt worden. Die Lichtdruckanstalt von C. F. Fay hat, als die Verlegung zur vollendeten Tatsache wurde, ein 18 Blatt umfassendes Heft herausgegeben, das die mehr als hundert Jahre innegehabten Lokalitäten als früher Dr. Senckenbergische Anstalten in Erinnerung halten soll. Bild 1 jenes Heftes gibt eine Vollansicht des alten Bürgerhospitals und Blatt 2 die Mittelfassade des Hospitalgebäudes in größerer Ausführung wieder. Mit diesem Hinweis wird es gerne begrüßt werden, wenn Fays Bilder aus dem altem Frankfurt auch ein interessantes Interieur aus dem Hospitalgebäude zeigen: das Sitzungszimmer der Administration. Wer immer einmal den dargestellten Raum betreten hat, den wehte darin der Geist der Vergangenheit an, durch die Einfachheit und die weihevolle Ruhe. Frei von jeder Überladung ist der Raum altstilisch eingerichtet. Er lässt sofort seine Bestimmung erkennen und besteht aus kaum mehr als einem Tisch und einem Dutzend Stühle; daneben aber erfasst uns mächtig der dem Gedächtnis an den Stifter gewidmete Wandschmuck. Eine wenig ornamentale Nische zeigt einen Kaminaufbau, der in Gesimshöhe die schöne Büste Senckenbergs trägt, das würdige Haupt dem Lichte zugekehrt. Dieselbe Wand schmückten verschiedene Brustbilder, darunter zwei lebensgroße Bilder des Stifters, das eine von F. Hauck 1748, das andere von A. W. Tischbein 1771, sowie die Bilder von seiner ersten und seiner zweiten Frau. Das Zimmer selbst lag im Erdgeschoss links vom Eingang. Von der Stuckdecke, von einem Strahlenkranze ausgehend, senkte sich ein einfacher doppelarmiger Beleuchtungskörper über dem Sitzungstisch. Es möge hier noch angefügt sein, dass die Standfigur des Erlösers über der Eingangstüre an der Hauptfassade, nachdem sie zur Aufstellung an dem Neubau in der Nibelungenallee hinweggebracht worden war, jetzt wieder dem alten Haus zugeführt worden ist.

Eingang zum Cronstettschen Damenstift

Das alte Bild des Rossmarktes, wie es sich noch zu Mitte des 19. Jahrhunderts zeigte, ist dem Auge fast vollständig und zum größten Teil auch den Erinnerungen entschwunden. Glücklicherweise hat die Fotografie durch rechtzeitige Aufnahme manches erhalten. Dahin zählen die im Jahre 1854 von C. F. Mylius hergestellten vierzehn Blätter vom Cronstett'schen Damenstift, die als Stiftsalbum in dem heutigen Gesellschaftsbau aufbewahrt sind. Als der Durchbruch, den die Anlage der Kaiserstraße notwendig machte, zur Ausführung kam, wurde ein großer Teil der alten Baulichkeiten des Stiftes niedergelegt, vor allem müsste der Teil des Baues, von dem unser Bild Anschauung gibt, nebst dem nebenstehenden eisernen Tor zum Abbruch kommen (in den Jahren 1865–66). Aber auch das Gebäude, von dem wir links ein Bruchstück erblicken, wich einem Neubau, der indes später, als die Stiftsdamen das vom Architekten Alexander von Lersner errichtete neue Stiftshaus bezogen, nochmals umgebaut und zu Wohnungen und Geschäftslokalen umgewandelt wurde. Die Stiftung war im Jahre 1753 von der letzten Erbin des Hauses Cronstetten für die Verwandten von Cronstetten und Hynsberg errichtet worden, um den alten allein stehenden Witwen und Töchtern aus den genannten Häusern sowie den zur Ganerbschaft von Alten-Limpurg gehörigen Familien als Unterkunft zu dienen. Die Schicksale der Familie Cronstett waren wechselvoll. Der Stammherr hieß ursprünglich Steffan, war aus Stetten oder Cronstetten gebürtig, kam nach Frankfurt, betrieb das Juwelier- und Goldschmiede-Handwerk, kaufte das Haus „Zum Goldenen Ross" in der großen Sandgasse, wurde 1550 geadelt und erwarb dann den „Großen Kranichhof" am Rossmarkt (eben das spätere Stiftshaus) mit dem vom Leisnerschen Garten. Die letzte Dame, Frl. Justine Katharine Steffan von Cronstetten, die Stifterin, starb am 20. September 1766, neunundachtzig Jahre alt. Das eiserne Tor und das Wappen befinden sich im Historischen Museum.

Inneres der Liebfrauenkirche

Der Liebfrauenkirche und ihrem Umfeld ist in Fays Bildern aus dem alten Frankfurt mehrfach gedacht (siehe Seite 173, 174 und 226 oben). Vorliegende Ansicht zeigt das Innere der Kirche. Die dreischiffige Hallenkirche mit dem in das Mittelschiff einschneidenden Chor zeigt verschiedene Anbauten, so im Nordosten die Sakristei, im Nordwesten den Turm und nach Süden die beiden Eingangsbauten. Die Hauptstelle in unserem Bild nimmt der schöne spätgotische Chor mit dem herrlichen Sterngewölbe ein. Zwischen den Rippen sitzen fünf dreiteilige spitzbogig geschlossene Fenster in den fünf Seiten des Achtecks, die mit ihren Glasmalereien ein warmes Licht in den Chorraum senden. In dem mittleren Chorfenster ist die Himmelfahrt Mariä, im Fenster rechts die Verkündigung und im linken die Geburt Christi dargestellt; die zwei übrigen tragen ornamentalen Schmuck. Sie sind wie sämtliche Glasmalereien von dem Meister Nicolas in Roermond gefertigt. Vor dem Choreingang setzt sich die etwas niedrigere Halle mit den Seitenschiffen, auf sechs frei stehenden Pfeilern ruhend, fort. Die Sakristei ist an die Nordwand des Chors angebaut und mit vier Kreuzgewölben überdeckt, die von einem in der Mitte stehenden achteckigen Pfeiler getragen werden. Von den neun in der Kirche aufgestellten Altären sehen wir auf dem Bild den Hochaltar im Chor (aus dem Jahr 1765), die Himmelfahrt Mariä, seitlich die Apostel Petrus und Paulus, oben die Dreifaltigkeit, Gott Vater, Sohn und Heiligen Geist darstellend. Der Johannes-Altar vor dem nördlichen Pfeiler des Triumphbogens mit der Statue Johannes des Täufers 1764 wurde errichtet; diesem gegenüber steht der Altar mit der Statue des Johannes von Nepomuk, beide sind vom Kammerrat Botz gestiftet. Die Kanzel am ersten Pfeiler des nördlichen Hallenschiffs, ein Werk des Stuckateurs Metz aus Mainz, wurde im Jahre 1771 für 733 Gulden aus Gipsmarmor gefertigt, in der Form sich an Rokokoaltäre anschließend.

Portal der Katharinenkirche

Umrahmt von einer schön gegliederten Steinarchitektur, deren schlanke Säulen einen durchschnittenen Giebel mit eingesetzter Inschrifttafel und Jahresbezeichnung MDCLXXX tragen, zeigt sich eine in gefälliger Holzarbeit ausgeführte Tür, über der in dem Halbbogen fein verschlungenes Eisengitterwerk angebracht ist. Die Säulenschäfte sind mit Hochskulpturen geziert. Auch das renovierte Westportal an der Katharinenpforte verdient Beachtung.

Inneres der St. Katharinenkirche

Nachdem bereits auf Seite 164 mit einem von Fays Bildern aus dem alten Frankfurt der St. Katharinenkirche gedacht ist, möge hier ein kürzerer Hinweis auf das Innere des Gotteshauses genügen. Die Kirche ist an der Stelle einer alten kleineren Klosterkirche erbaut, in der im Jahre 1522 die erste evangelische Predigt in Frankfurt a. M. gehalten wurde, und ist mit großer Liebe – man bedenke, dass es im Jahrhundert des Dreißigjährigen Krieges geschah – als erstes evangelisches Gotteshaus in der alten Reichsstadt gebaut. Sie erscheint als Langhaus von mächtiger Ausdehnung, überwölbt von auf Konsolen aufsitzenden Rippen, die früher mit reich bemaltem Tafelwerk bedeckt waren. Die ältere Kirche war wegen Baufälligkeit im Jahre 1678 niedergelegt worden, am 14. März wurde der Grundstein für den Neubau gelegt und bereits am 20. Februar 1681 konnte die Einweihung der unter der Leitung des Ingenieurs Melchior Hessler vollendeten Kirche vollzogen werden. Ein 1683 von dem hiesigen Kupferstecher J. U. Kraus gestochenes Blatt lässt bereits das Innere der Kirche erkennen. Die in viele Felder geteilte Decke war mit meist von Hausslin geschaffenen Gemälden, Szenen aus der biblischen Geschichte darstellend, geschmückt und war eine Stiftung der Adelsgesellschaft Frauenstein aus den Mitteln des Beyer'schen Vermächtnisses. Wegen eingreifender Feuchtigkeit wurden diese Malereien im Jahre 1778 beseitigt, die Decke berohrt, getüncht und geweißt. Im Laufe der Zeit wurden viele Reparaturen vorgenommen. Unser Bild zeigt den Zustand des Inneren nach einer Aufnahme im Jahre 1896. Es lässt die stark gegen das Äußere der Kirche kontrastierende innere Schönheit und Behaglichkeit und die trotz künstlerischen Reichtums doch wohltuende Einfachheit erkennen. Hauptsächlich beachtenswert ist der Altar von schwarzem Marmor, das Werk des Bildhauers Hans Martin Sattler von Idstein, der auch die marmorne Kanzel (Stiftung des Braunschweig-Lüneburgischen Residenten Franz von Barckhaus und seiner Gattin, einer geborenen Sonnemann aus Frankfurt) geschaffen hat. Weiter sind die nicht allzu großen Wert bezeugenden Bilder der beiden Emporen zu erwähnen (unten: 41 Darstellungen zu den einzelnen Schriften der beiden Testamente; oben: 42 symbolische Darstellungen des christlichen Lebens, die allerdings einer Anregung des berühmten Phil. Jak. Spener ihre Entstehung verdanken); vor allem aber die interessanten Epitaphien, zum Teil aus der ersten Kirche übernommen, und endlich die vier schönen Glasfenster aus neuester Zeit von Eduard von Steinle, Zettler und Linnemann. Im Jahre 1906 wurde das Innere der Kirche unter Leitung des städtischen Baurats Schaumann und des städtischen Bauinspektors Wilde kunstverständig renoviert und soweit wie möglich der ursprüngliche Zustand, auch in der Farbgebung, wiederhergestellt. Von hohem Werte ist die neue, im gleichen Jahre aufgestellte Orgel (von der Firma Steinmeyer in Öttingen), eine der größten und tonreichsten in Frankfurt.

Im Junghof, jetzt Junghofstraße

Auf Seite 177 ist ein Teil des Rossmarkts (Häuserreihe zwischen der großen Gallusstraße und dem Goetheplatz) wiedergegeben, wie er sich bis spät in die zweite Hälfte des 19. Jahrhunderts erhalten hatte. Rechts gewahrt man darauf die heutige (um 1900) Junghofstraße; sie bildete früher den Eingang zum Junghof und war eine Stumpfgasse, die sich als ein Plätzchen ansehen ließ, von dem aus man drei Höfe betrat, den Stoßhof, den Junghof und den Roten Hof. Der Junghof, um den es sich auf dem vorliegenden Blatt handelt, war der mittlere. Er stammt aus der Zeit um die Mitte des 14. Jahrhunderts, wie auch bereits im Jahr 1361 eines „Junge Wesselershof in der Neuwenstadt" gedacht wird, der neben dem Stossishof (Stoßhof) gelegen war. Er hat seinen Namen eben von diesem Jung, der ein Wechsler war, erhalten. Im Jahre 1406 war er im Besitze von Johann von Glauburg und kam nochmals, nachdem er in den Händen verschiedener anderer Familien (Weiss von Limburg, Hartmann Becker, Baur von Eisenach) gewesen war, als Eigentum an die Herrn Bender von Bienenthal, die, ursprünglich bürgerlich, in den 1630er-Jahren von Kaiser Leopold unter Zufügung des „von Bienenthal" zu dem eigentlichen Namen Bender geadelt wurden. Den Eingang zum Junghof bildete ein überbautes Tor nebst daneben liegendem Pförtchen. In der ersten Hälfte des 19. Jahrhunderts dienten die mannigfach gestalteten Gebäude des lang gestreckten Hofes als Räume für alle möglichen Zwecke (Wohnungen, Werkstätten, Magazine, auch ein Lehrinstitut und ein Bildhaueratelier, ein Weinkeller etc). Das Bild zeigt den Eingang in den Hof von innen gesehen, wie auch einen Teil der Gebäulichkeiten im Hofe selbst wieder. Den Abschluss des Hofes nach der heutigen (um 1900) Neuen Mainzer Straße bildete ein Konzerthaus, in welchem im Jahr 1759 eine französische Truppe Komödie spielte, zu der auch der junge Goethe Zulass fand. In dem dahinter liegenden Garten errichtete August Ravenstein in den 1840er-Jahren den ersten Turnplatz. Im Jahr 1857 ging der Hof in den Besitz des Herrn Manskopf über; die Gebäude wurden 1860 niedergelegt und die heutige (um 1900) Junghofstraße mit dem Saalbau hergestellt.

Die Öde

Im Norden Frankfurts, am „Öderweg" gelegen, hat sich bis in unsere Tage aus früher Zeit ein großes Anwesen erhalten, das als Park jeden Vorübergehenden geheimnisvoll anlockt: ein alter Adelssitz unter dem Namen „Holzhauser Öde", oder im Volksmund kurz „die Öd" genannt. Nahezu 100 Morgen Park und Wiesen bilden ein zusammenhängendes Ganzes. Vom Öderweg aus führt ein stattliches eisernes Tor zum Einlass in eine breite schattige Allee, die zu dem hohen steinernen, von Wasser umgebenen Herrenhaus führt. Einst als Besitztum eines Patriziergeschlechts zu Lamburg oder Lemberg, das 1480 erlosch, „von der Öde" genannt, kam es an das alte adelige Geschlecht von Holzhausen, das ursprünglich von der jetzt vollständig verschwundenen Burg Holzhausen bei Homburg v. d. H. stammte. Bereits im 13. Jahrhundert waren die Holzhausener nach Frankfurt gezogen und schon 1254 begegnen wir einem Schöffen Henricus de Holzhausen. Von 1311 bis 1806 hat die Familie, was gewiss einzig dasteht, in der freien Reichsstadt das Amt des regierenden Bürgermeisters 67 Mal bekleidet. Im Jahre 1716 ging die „Öd" aus der Linie Johann Georgs in die seines Schwiegersohns Justinian über: Freiherr Carl Justinian († 1793) vereinigte infolge seiner Heirat mit der Tochter aus dem älteren Stamm die Öd und das Fideikommis in seiner Hand. Durch den Familienvertrag vom 29. November 1896 zwischen den Freiherren Georg, Alexis und Friedrich wurde das Fideikommis aufgehoben. Am 4. März 1908 starb in München der damalige Besitzer der Öde, Freiherr Georg von Holzhausen. Dessen nächste Verwandte sind Rittmeister a. D. Freiherr Adolf von Holzhausen und dessen Schwester, Freifrau Auguste von Hammerstein-Loxten, beide Kinder des am 24. Dezember 1904 zu Weimar verstorbenen Kammerherrn Alexis Freiherr von Holzhausen. Seit dem Tode des Freiherrn Georg von Holzhausen bewohnt Freiherr Adolf die Öde.

Uhrtürmchen am Bockenheimer Tor

An der Ecke der großen Bockenheimer Straße und der Hochstraße, gegenüber dem ehemaligen Bockenheimer Tor, befand sich noch bis zu den 1870er-Jahren ein kleines Plätzchen mit Rohrbrunnen und einem ein Uhrtürmchen tragenden Bau nebst davor liegender Waage zur Erhebung von Accis- und Wieggeldern. Durch den Verschönerungsverein wurde dasselbe beseitigt und ein Uhrtürmchen erbaut, dessen Innenräume zum Verkauf von Theaterkarten etc. dienten. Nachdem auch dieses mehrere Jahre seinem Zweck gedient hatte, wurde es nebst dem anschließenden Haus als Bauplatz verkauft. Eine Ansicht, wie sie früher war, ist auf Seite 189 zu finden. Das Bild, auf dem noch die Scherbius'schen und Andreae'schen Liegenschaften zu erblicken sind, zeigt die Stätte in der Mitte des 19. Jahrhunderts. Die Nordseite der Bockenheimer Straße bildete im 14. Jahrhundert eine Folge von Höfen und Gärten wohlhabender Bürger, die eine Namensbezeichnung wie Conrads Hof zum Gynheimer, Zygelhof, Hartmundens Hof von Gynheim, Bornhof, Brunnenhof etc. führten. Nach Battonn befand sich auch „der guten Lude Hof" in seiner ersten Ausführung an der bezeichneten Stelle. Am breiten Teil der Bockenheimer Straße war ein Pfuhl (eine Tränke) für die Schweine, die da angeboten wurden. Der Platz führte im Volksmund daher den Namen Sauallee. Nachdem die Bockenheimer Straße eine Hauptverkehrsstraße der Stadt und die Marktverhältnisse für den Viehhandel andere geworden waren, erhielt die Gegend ein ganz anderes Aussehen. Das oben genannte freie Plätzchen am Bockenheimer Tor ist mit einem stattlichen Geschäftshaus bebaut worden. Das entthronte Uhrhäuschen hat auf diesem breiten Teil der Bockenheimer Straße eine Stätte nahe des Bierhauses „Zum Taunus" gefunden.

Pferdemarkt an der Landwirtschaftlichen Halle

Das alte Frankfurt hatte bereits vor mehr als einem Jahrhundert den Handel mit Pferden eingerichtet. Auf einem Teil der Zeil, auf dem Liebfrauenberg und Rossmarkt fanden solche An- und Verkäufe statt. Der späteren Zeit war es aber, und zwar auf Anregung der „Frankfurter Zeitung", vorbehalten, eine bessere Einrichtung für Pferdemärkte zu schaffen und diese unter ganz anderen Verhältnissen abzuhalten. Am 3. März 1860 fand im „Württemberger Hof" eine gut besuchte Versammlung zum Zweck dieser Angelegenheit statt. In einer weiteren Versammlung stellte Herr Georg Dennemann einen förmlichen Antrag, der allgemeine Zustimmung fand. Der zu Anfang des Jahres 1860 gegründete landwirtschaftliche Verein unternahm es, im ehemaligen „Klapperfeld" bei der Heiligkreuzgasse durch die Firma Philipp Holzmann nach den Plänen des Architekten Seestern Pauly eine landwirtschaftliche Halle in Holzkonstruktion zu errichten und den Pferdemärkten eine stetige Stelle zu sichern. Sie wurde am 25. August 1869 eingeweiht. Hier und in Mitbenutzung der dortigen städtischen Stallungen konnte für mehr als 550 Pferde Unterkunft geschaffen und den Märkten eine immer größere Ausdehnung und eine wachsende Bedeutung bereitet werden. Die Halle stand bis zum Jahre 1881, an dessen Ende sie niedergelegt wurde. In den Jahren 1881/82 wurde im Fischerfeld, bei der heutigen Ostendstraße, eine neue Halle in Stein und Fachwerk erbaut und zur Frühjahrsmesse 1882 eröffnet. Unter den Interessenten für die Neueinrichtung sind als Gründer oder als Förderer der Sache namentlich die Herren Baron Ludwig von Erlanger, Georg Stern, Kohn-Speyer, Heinrich Roth und Louis Jaeger zu nennen.
Der erste dieser Pferdemärkte fand vom 7. bis 9. April 1862 auf dem Goethe-Platz statt. Eine Darstellung desselben hat sich in einem Ölgemälde von Philipp Winterwerb erhalten. Seitdem wiederholten sich diese Märkte jedes Jahr im Frühjahr und im Herbst auf dem Raum der landwirtschaftlichen Halle und erfreuten sich immer eines starken Zulaufs und eines stattlichen Umsatzes. Unser Bild zeigt einen Teil des Marktes, wie er sich auf dem offenen Platz abspielt.

Ostbahnhof

Die Abbildungen der Seiten 242–247 stehen in enger Beziehung zu dem großen Unternehmen des Frankfurter Osthafens. Während bereits zu Anfang der 80er-Jahren des 19. Jahrhunderts durch die Überschwemmungen des Hochwassers eine teilweise Eindeichung des Maines und die Herstellung eines gesicherten Floßhafens in Betracht gezogen werden mußten, konnten doch erst zu Anfang des 20. Jahrhunderts (1901) derartige Vorhaben Gestalt annehmen. Noch aber schienen die Schwierigkeiten in der Ausführung und die Beschaffung der Mittel fast unüberwindlich. Aber endlich gelang es doch, zwischen der königlichen Eisenbahnverwaltung und der Stadt einen Vertrag zur Verlegung und Erweiterung des Ostbahnhofs mit der Hinsicht auf Schaffung eines Osthafens zustande zu bringen.

Es kamen in Betracht: der Bau eines Floßhafens, der Bau eines Industriehafens und die Schaffung eines Binnenindustriegeländes. Bei der Wahl des Platzes für den Floßhafen konnte es sich nur um das östlich gelegene Gelände, das sogenannte Fischerfeld mit der Ausdehnung bis Fechenheim, handeln. Das Riesenprojekt, das einen Geldaufwand bis zu 72 Millionen Mark erforderte, umfasste nach Fertigstellung etwa 46 Hektar Wasserfläche, 1,4 Kilometer Ufer, 48 Hektar Lagerplätze, 54 Hektar Wasserindustriegebäude und 174 Hektar Binnenindustriegelände. Der Osthafen nahm nach seiner Vollendung seinen Anfang etwa 720 Meter oberhalb der Obermainbrücke und erstreckte sich längs des rechten Ufers circa 3 1/2 Kilometer weit nach Osten bis an die Fechenheimer Gemarkungsgrenze, die er noch etwas überschritt. Der Hafen wurde der Länge nach in zwei Hauptteile getrennt, den Unterhafen von circa 2 1/2 Kilometern Länge, der im Unterwasser des Offenbacher Wehres lag, und den circa 1 1/4 Kilometer langen Oberhafen, der nur nach Passierung der Offenbacher Schleuse zugänglich war. Der Oberhafen zerfiel in vier Teile, den Floßhafen am Flusse, den Querhafen, das Nordbecken und das Südbecken. Von dem Floßhafen abgesehen war der ganze Osthafen der Industrie zugedacht. Nördlich des Unterhafens verblieb bis zur neuen Grenze des Ostbahnhofs noch ein etwa 220 Meter breites Gebiet, das der Länge nach durch die verlegte Hanauer Landstraße durchschnitten wurde. Die beiden Seiten der Hanauer Landstraße waren für die Ansiedlung von Fabriken bestimmt. Im Zusammenhang mit dem Osthafen standen die Tiefkais am Mainufer oberhalb der Obermainbrücke, auf dem rechten Ufer des Untermaintiefkais und das Deutschherrn-

tiefkai auf der linken Flussseite, das Anfang des 20. Jahrhunderts zwischen dem Schlacht- und Viehhof und dem Speckgraben noch unausgebaut war. Auf dem linken Mainufer lag südlich der neuen Uferstraße des Deutschherrnhochkais, vom Schlachthof bis zur Landesgrenze reichend, ein ebenfalls der Ansiedlung gewerblicher Etablissements gewidmeter Streifen Land. Nördlich des Osthafens, neben der Hanauer Bahn, lag der städtische Hafen- und Rangier-Bahnhof, der sich ostwärts bis nahe an die Station Mainkur erstreckte. Zur Ausdehnung des Industriegeländes ohne Wasseranschluss stand das große Gebiet nördlich der Hanauer Bahn und östlich des Riederwaldes zur Verfügung, das bis Seckbach reichte und sich bis in die Gemarkungen Fechenheim, Bergen und Enkheim hinzog. Der Floßhafen am Ufer neben der Einfahrt zum Oberhafen war von dem Floßschifffahrtsweg, der sich an dem nördlichen Ufer entlangzog, direkt erreichbar. Die für den Schifffahrtsverkehr verwertbaren Wasserflächen der Hafenbecken hatten einen Gesamtumfang von 450 760 Quadratmetern, also rund 46 Hektar. Die Länge der für den Umschlag ausnützbaren Ufer betrug 14 133 Meter. Das Gebiet für den neuen Osthafen hatte einen Umfang von 3 476 100 Quadratmetern oder rund 350 Hektar.

Wenn wir bis in die Mitte des 19. Jahrhunderts zurückgreifen, tritt uns das Ereignis der Eröffnung der Frankfurt-Hanauer Bahn und die Errichtung des Ostbahnhofes vor Augen (1848), der 11 Jahre später (1859) die Ausführung der Verbindungsbahn (Ostbahnhof mit den Westbahnhöfen) folgte. Die Schaffung einer solchen Hafenanlage im Osten in Verbindung mit den veränderten Verkehrs- und Raumverhältnissen erforderte nicht nur die Verlegung des Ostbahnhofes und erweiterten Neubau, sondern auch die Verlegung und Vermehrung der Bahnanlagen. Dieses ist nach den Verhandlungen zwischen Staat, Bahnverwaltung und Stadt in großartiger Weise ins Werk gesetzt worden. Schon entwuchs das neue Empfangsgebäude des Ostbahnhofes dem Boden und eine große Anzahl von Neubauten mit mächtigen Hinterhäusern entstand. Die gewaltige Arbeitsstätte und die vollführten Werke verdeutlichen die Größe des Unternehmens. Die vorliegenden Abbildungen geben uns interessante bildliche Hinweise darauf. Die Abbildung auf Seite 242 zeigt den 1849 eröffneten alten Ostbahnhof in seiner bisherigen anspruchslosen äußeren Gestaltung und Lage, während uns das Bild auf dieser Seite die Abfahrthalle im Inneren vor Augen führt und das Bild auf Seite 244 die Ausfahrtrampe wiedergibt. Seite

245 (oben) zeigt die Einfahrt zur Eilgut-Güterhalle, die auf Seite 245 (unten) von außen dargestellt ist. Die Abbildung der Seite 246 (oben) zeigt das Schienengeleise der Verbindungsbahn am Übergang der Hanauer Landstraße und auf Seite 246 (unten) ist das landschaftliche Bild bei den Mehllagern am Ostbahnhof zu sehen. Binnen kurzer Zeit wurde das ehemalige Fischerfeld völlig umgestaltet. Die Abbildungen auf Seite 247 zeigen die Lokalitäten der Riederhöfe. Auf Seite 190 wurden diese Meierhöfe bereits abgebildet, namentlich der große Hof. Die Anforderungen an das sich immer stärker bewegende Leben gehen über das Alte und Gewohnte hinweg und werfen rücksichtslos die sprechenden Zeugen der Vergangenheit auf die Seite. In historischer Hinsicht wäre noch zu bemerken, dass Kaiser Napoleon I. nach der Schlacht bei Hanau, am 31. Oktober 1813, in dem Herrenhaus der Riederhöfe übernachtet hatte und tags darauf in Frankfurt eingezogen war.

Güterabfertigung
Eilgut

FERMONTS
MON
FERMONT'S

Die Alte Mainbrücke

Zu den Denkmälern der alten Reichsstadt, die, durch Geschichte und Sage verklärt, bestimmt sind, für ewige Zeiten im Gedächtnis der Menschen fortzuleben, gehört die „Rote Mainbrücke." Aus Mainsandstein errichtet und auf massiven Pfeilern mit kräftigen Vorder- und Hinterköpfen, die zwischen dem fünften und siebten Bogen eine architektonisch recht wirksame Ausbuchtung erfahren haben, ausgeführt, überspannt sie in halbkreisförmigem Bogen aus Quaderschichten den ruhig dahinströmenden Flusslauf. Über ihr Alter sind wir nur schlecht unterrichtet. Die erste urkundliche Erwähnung der Alten Brücke geschieht im Jahre 1222, doch ist mit Sicherheit anzunehmen, dass die Erbauung einer Holzbrücke in weit frühere Zeit zurückreicht. Man kann sich kaum vorstellen, dass die ansehnliche Niederlassung um den „Saalhoeff," das alte Palatium Ludwigs des Frommen, nicht schon sehr bald mit den ausgedehnten Wohnsitzen der Ministerialen in der Sachsenhäuser Gemarkung in direkter Verbindung gestanden hat. Allein die mangelnde Solidität des Materials und die rohe Naturgewalt, worunter die Menschheit des Mittelalters in ganz anderer Weise zu leiden hatte als wir in unseren Tagen, zwangen zu dem kostspieligen Ersatzbau in Stein. Doch brachten der Mangel an Mitteln wie auch die Schwierigkeit, geeignete Arbeitskräfte zu finden das monumentale Werk nur langsam voran. Man fundierte die Pfeiler mit Hilfe von eichenen Schwellenrosten unmittelbar auf die Flusssohle, die nicht etwa, wie irrtümlich angenommen wurde, aus Tonschiefer, sondern aus blauem Cyrenenmergel besteht, der bei der verstärkten Strömung zwischen den Pfeilern den wachsenden Auskolkungen der Sohle nicht genügend Widerstand entgegensetzt. So wurde im Laufe des 13. und 14. Jahrhunderts wiederholt von ausgeführten Steinarbeiten an Pfeilern und Schwibbogen berichtet. Auch für König Heinrich, den Sohn Friedrichs II., bildete die Erhaltung der Brücke im Interesse des Reiches einen Gegenstand großer Sorge. Der aus

politischen Gründen vor allem den Städten wohlgesinnte junge Fürst verlieh im Jahre 1235 ein Privilegium zur halben Nutzung der Münze und zum Bezug des zur Reparatur der Brücke nötigen Holzes aus dem Reichswalde. Auf das Höchste bedroht muss die Erhaltung der Brücke aber um das Jahr 1300 gewesen sein. Anders macht es keinen Sinn, dass fünfzehn italienische Bischöfe einen Ablass für jene Gläubigen gewähren, die zum Bau der vom Hochwasser zerstörten Pfeiler beitrugen. Die Brückenbahn bestand zu jener Zeit zum größten Teil aus Holz und gab dem Bauwerk noch nicht durch die eigene Schwere der gewaltigen Schwibbogen eine Stabilität, die in der Lage war, allen Unbilden der Witterung zu trotzen. Immerhin mag die Brücke im Jahre 1405, wie die Abbildung von dem Schreiber eines Bedebuches zeigt, das heutige Aussehen gehabt haben. Wenn dennoch aus dem Jahre 1419 berichtet wird, dass man an dem letzten Pfeiler gearbeitet habe, damit man fernerhin „des kostlichen buwes mit holczwercken nit bedarff, sondern balken druber leget und druff brückendele", so handelt es sich hier um die Beseitigung eines Zustandes, den man im Hinblick auf unruhige Zeiten belassen hatte, um gegebenenfalls ohne weitere Schwierigkeiten die Verbindung der beiden Flussufer aufzuheben. Einen gewissen Schutz gewährte immer noch der über zwei Öffnungen belassene Brückenbelag aus Bohlen, der erst Ende des 16. Jahrhunderts durch Bogen am Sandstein ersetzt wurde. Und böse Zeiten zogen für das ehrwürdige Denkmal herauf. Im Jahre 1427 sah sich der Rat der freien Reichsstadt genötigt, aus Furcht vor den wilden Horden der Hussiten die Bogen der Brücke mit schweren Balken versperren zu lassen. Den Einspruch des sich in seinen Fluss- und Hoheitsrechten beschränkt glaubenden Erzbischofs von Mainz nahm man leicht. Etwa 100 Jahre später aber, während der Bewegung des Bauernaufstandes, der auch in das Maintal hinübergegriffen hatte, pflanzte die ärmere Bevölkerung der Stadt die

Fahne der Empörung auf der Brücke auf, ohne dass es jedoch zu ernsthafteren Zusammenstößen gekommen war. Schlimmer erging es dem Bauwerk im Schmalkaldischen Kriege. Als das Protestantenheer zur Belagerung der sich damals in kaiserlichem Besitz befindenden Reichsstadt schritt, hatte man alle Vorkehrungen zum Schutze des unentbehrlichen Verkehrsweges getroffen. Große Leinentücher waren auf der Brücke gespannt und die Mühle selbst mit großen Wollsäcken verstopft worden, um sie während der Zeit der Bedrängnisse in Gang zu halten. Den Hauptanschlag zur Zerstörung der Brücke mittels schweren Geschützes vereitelte der Abschluss des Passauer Vertrages und der damit verbundene Abzug eines Teiles der Belagerungstruppen. Kaum weniger ernst war die Lage der Brücke im Dreißigjährigen Krieg. Auf der Fahrbahn selbst kam es zu heftigen Kämpfen und es muss als ein Wunder angesehen werden, dass bei dem Geschützfeuer von Ufer zu Ufer, wobei 26 Häuser in Asche gelegt wurden, die Brücke selbst kaum wesentlichen Schaden erlitt. Allein an dem Kruzifix seien, wie die Überlieferung will, noch heute (um 1900) die Spuren von Schwedenkugeln sichtbar. Im Siebenjährigen Krieg wie im Befreiungskrieg hat ein günstiger Stern über der Stadt gewaltet und größere Verluste ferngehalten. Im Sturmjahr 1848 erlebte die Brücke die letzten kriegerischen Ereignisse, die aber keine Spuren irgendwelcher Art an dem Denkmal hinterlassen haben.

Wie in Kriegszeiten, so stand auch in den Jahren des Friedens die Alte Mainbrücke im Mittelpunkt des Interesses der Bewohner. Ein gewaltiger Menschenstrom zog jahraus, jahrein auf uralten Handelswegen über die Brücke, die zur Lebensader des Rhein- und Main-Gaues geworden war.
Durch besondere Gesetze geschützt, bedrohte man einen jeden, der auf der Brücke Streit anfing mit dem Abhauen der rechten Hand. Die hohe Bedeutung für das Wohl der Stadt ließ das ehrwürdige Bauwerk aber auch zu Kultzwecken geeignet erscheinen. An hohen kirchlichen Festtagen wandelte man in feierlicher Prozession zur Brücke und es muss ein ergreifender Augenblick gewesen sein, wenn sich die wallenden Fahnen im Strom spiegelten, während die Pappeln zu dem frommen Gesang der Menge rauschten. Doch auch als Richtstätte genoss die Brücke ein gefürchtetes Ansehen. Die Sitte des Ertränkens löste im 15. Jahrhundert die beliebte Todesstrafe des Verbrennens ab. Die Stelle, an der man den Delinquenten in einem Fass in den Fluss hinabstieß, mag dort gewesen sein, wo noch heute (um 1900) das Kruzifix mit dem goldenen Hahn zu sehen ist. Das Denkmal widerspricht nicht symbolisch dem Vergeltungsakt. Auch fließt das Wasser unter den Bogen reißend genug, um das Auffischen der Verbrecher zu verhindern. So sind Erinnerungen vielfacher Art mit dem alten Bauwerk verknüpft, das nicht mit Unrecht das „Wahrzeichen" Frankfurts genannt worden ist.

Einst trug die Brücke ein anderes Aussehen, als es heute (um 1900) der Fall ist. Die Brückenköpfe waren mit Türmen bewehrt, deren schlanke Silhouetten dem Uferbild einen unendlich reizvollen Charakter verliehen. Den Turm auf dem Sachsenhäuser Aufgang, der mit zierlichen Ecktürmchen ausgestattet war, legte man schon im Jahre 1765 nieder. Ihm folgte der Frankfurter Turm im Jahre 1801, der mit reichem Bilderschmuck versehen war und als Warnungszeichen die Schädel der im Fettmilch-Aufstande enthaupteten Empörer getragen hatte. Mit ihm fiel auch das kleine Häuschen des Friseurs Kraft. Die heimliche Entfernung zur Nachtzeit hat zu der bekannten Redensart Veranlassung gegeben: *„Ich bin ewek wie dem Kraft sei Häusi.“* Auch die untere Brückenmühle ist verschwunden, ebenso die kleinen Wartehäuschen, die einst die Vorderköpfe der Pfeiler zierten. Um die Mitte des 18. Jahrhunderts sind dagegen an denkwürdigen Einzelheiten die zwei Portale über dem Abstieg zur unteren Insel hinzugekommen. Sie tragen über dem Türsturz den „Moenus“ und die Karrikatur der „Kanonensteppel“. Eine weitere, künstlerisch eher nicht wertvolle Bereicherung ist das Standbild Karls des Großen von Zwerger nach Wendelstadts Entwurf aus dem Jahre 1843. So bietet sich heute (um 1900) die Brücke keineswegs mehr in ihrer mittelalterlichen Gestalt dem Auge dar. Zu viel der Einzelheiten ist sie entkleidet, die den typischen Charakter des Bauwerks betonen, und doch vernahm man nur ungern die Botschaft von der beschlossenen Beseitigung. Zu lange hatte die Brücke dem ausschließlichen Verkehr der beiden Ufer gedient, zu viel der historischen Erinnerungen aus ernsten und frohen Zeiten knüpften sich an ihr Dasein, als dass nicht dem ehrsamen Bürger der Abbruch gleichsam wie eine Herausforderung des Schicksals erscheinen musste. Ungeachtet dessen wird (Planung um 1900) anstelle der sagenhaften „Roten Mainbrücke“ ein Denkmal erstehen, das aus anderem Geiste geboren, an Verdienst um das Aufblühen der Mainstadt dem niedergelegten Bauwerk gleichen mag.

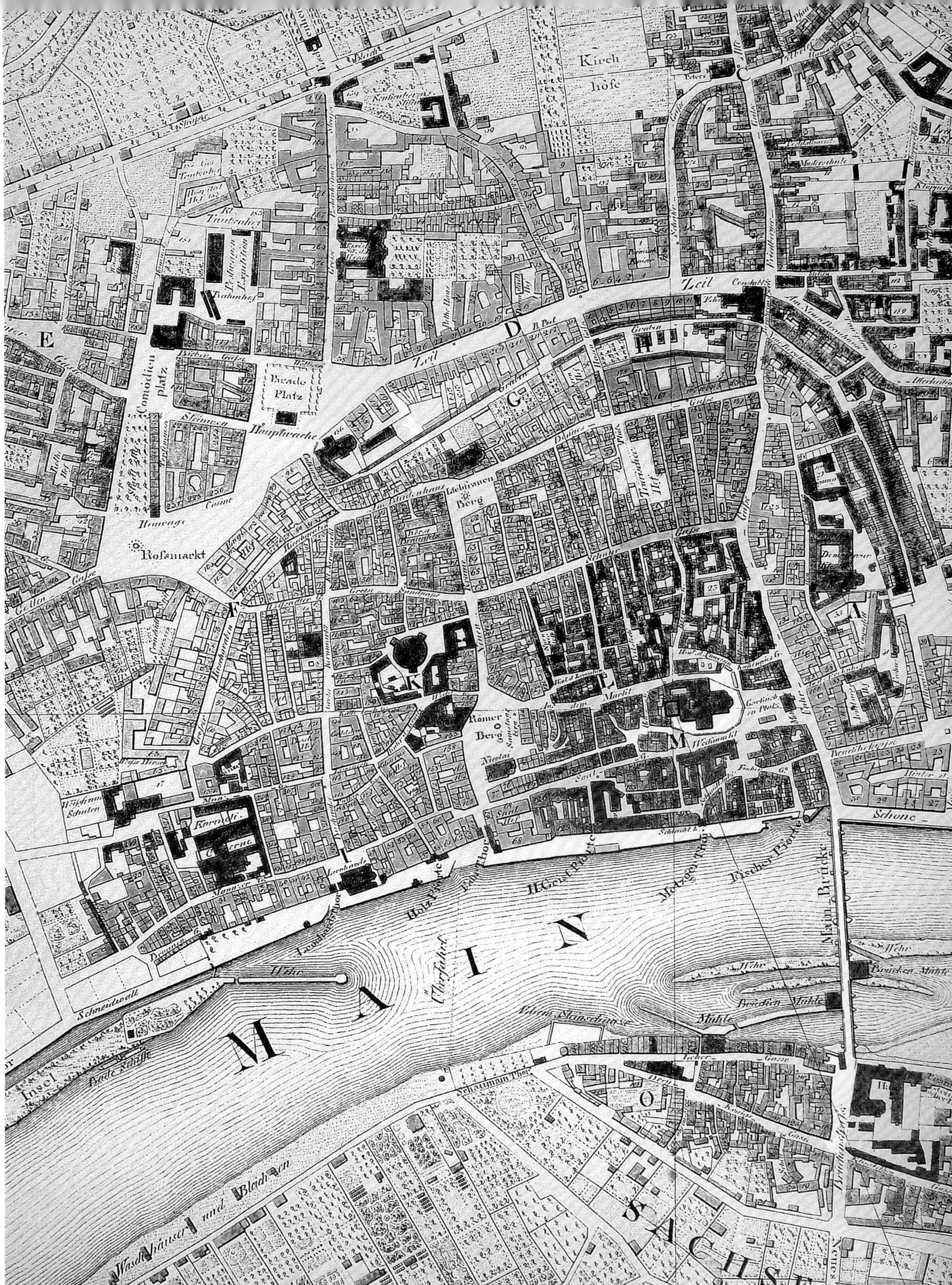

Geometrischer Grundriss der freien Stadt Frankfurt und Sachsenhausen im Jahr 1822; aufgenommen, gezeichnet und herausgegeben von C. F. Ulrich, Architekt und Mathematiker